일본어뱅크

바로바로
연습해서
차근차근
나아가는

착착 일본어 STEP 2

동양북스

300만 독자가 선택한

가장 쉬운
독학 일본어 첫걸음
14,000원

가장 쉬운
독학 중국어 첫걸음
14,000원

가장 쉬운
프랑스어 첫걸음의 모든 것
17,000원

가장 쉬운
독일어 첫걸음의 모든 것
18,000원

가장 쉬운
스페인어 첫걸음의 모든 것
14,500원

버전업! 가장 쉬운
베트남어 첫걸음
16,000원

버전업! 가장 쉬운
태국어 첫걸음
16,800원

가장 쉬운
러시아어 첫걸음의 모든 것
16,000원

가장 쉬운
이탈리아어 첫걸음의 모든 것
17,500원

일본어뱅크

바로바로
연습해서
차근차근
나아가는

착착 일본어 STEP 2

동양북스

일본어뱅크

바로바로 연습해서 차근차근 나아가는

착착 일본어 STEP 2

초판 인쇄 | 2016년 9월 1일
초판 발행 | 2016년 9월 5일

지은이 | 유장옥, 유은경, 김선영, 아오키 사야카, 나카지마 시노부, 마츠모토 켄
발행인 | 김태웅
총　괄 | 권혁주
편집장 | 이경숙
책임편집 | 김혜정
디자인 | 차경숙
마케팅 총괄 | 나재승
마케팅 | 서재욱, 김귀찬, 왕성석, 이종민, 조경현
온라인 마케팅 | 김철영, 양윤모, 탁수지
제　작 | 현대순
총　무 | 한경숙, 안서현, 최여진, 강아담
관　리 | 김훈희, 이국희, 김승훈, 이규재

발행처 | 동양북스
등　록 | 제 10-806호(1993년 4월 3일)
주　소 | 서울시 마포구 동교로22길 12(04030)
전　화 | (02)337-1737
팩　스 | (02)334-6624

http://www.dongyangbooks.com
http://www.dongyangTV.com

ISBN 979-11-5703-198-6 14730
979-11-5703-175-7 (세트)

이 도서의 국립중앙도서관 출판시도서목록(CIP)은 서지정보유통지원시스템 홈페이지(http://seoji.go.kr)와
국가자료공동목록시스템(http://www.nl.go.kr/kolisnet)에서 이용하실 수 있습니다.
(CIP제어번호:CIP2016019724)

머리말

『착착 일본어 STEP2』는 『착착 일본어 STEP1』에 이어 보다 자연스럽고 다양한 일본어 표현을 익히고자 하는 목적으로 만든 교재입니다. 흥미와 의욕을 잘 살리기 위해 기초적인 어휘, 문법을 복습할 수 있도록 구성하였습니다. 『착착 일본어 STEP2』는 「ます형」, 「ない형」, 「て형」을 중심으로 한 기본 동사 활용 연습을 충분히 할 수 있도록 하였고 "동사 활용"을 쉽고 재미있게 공부할 수 있도록 배려하였습니다.

본 교재는 각 과의 학습목표와 문법을 7컷 만화로 구성함으로써 학습자가 흥미를 가지고 학습할 내용을 미리 살펴볼 수 있도록 하였습니다. 그 중 핵심 표현은 일본어로 제시하였습니다. 문법 항목에 대해 학습한 후 일괄적으로 패턴연습을 하는 것이 아니라, 해당 문법 항목마다 「바로바로 연습」을 통해 익힌 후 학습한 문법 항목을 바탕으로 응용 연습을 하도록 구성하였습니다. 따라서, 자연스럽게 일본어 회화로 이어질 수 있습니다.

또한, 외국어 학습은 어휘, 문법뿐만 아니라 그 언어의 문화가 바탕이 되었을 때 비로소 제대로 이루어 질 수 있습니다. 그러므로, 「오늘의 일본 문화」에서는 일본어 학습자라면 꼭 알아두어야 할 상식과 매너, 알아두면 유익할 최신 정보 10가지를 수록하였습니다.

본 교재가 일본어를 배우는 많은 분들에게 끝까지 포기하지 않고 재미있게 일본어 기초를 탄탄히 다질 수 있는 초석이 되기를 바랍니다.

본 교재가 출간되기까지 도움을 주신 많은 선생님들께 감사드리며, 좋은 교재를 만들기 위해 노고를 아끼지 않은 동양북스 일본어 편집부와 관계자 여러분께 감사의 마음을 전합니다.

저자 일동

이 책의 구성과 특징

시작

해당 UNIT에서 학습할 내용을 미리 살펴볼 수 있도록 간단한 학습목표, 회화문을 압축하여 만든 짧은 만화를 실었습니다. 한국어 대화 중간중간 주요 학습 내용을 일본어로 실어 더욱 더 흥미롭게 학습을 준비할 수 있도록 하였습니다.

바로바로 연습하는 문법노트

일본어의 기초 문법을 학습합니다. 가능한 한 패턴의 형식으로 제시하여 회화에도 활용할 수 있도록 하였습니다. 또한, 학습한 내용을 바로바로 연습해 볼 수 있도록, 문법과 패턴 연습을 교대로 배치하여 편의성을 높였습니다.

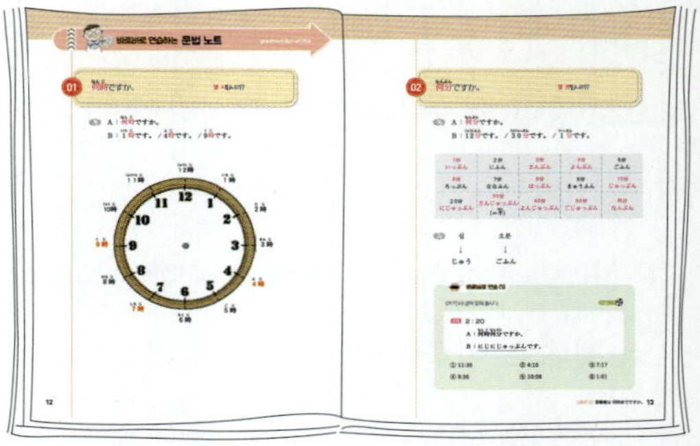

현장감이 넘치는 실전회화

일본으로 유학을 온 성호와 그의 유학생 도우미가 된 일본인 미사의 학교 생활을 소재로, 문법노트의 내용을 망라하여 회화문으로 구성하였습니다. 알아두면 학습에 도움이 될 만한 내용은 POINT에 따로 정리하였습니다.

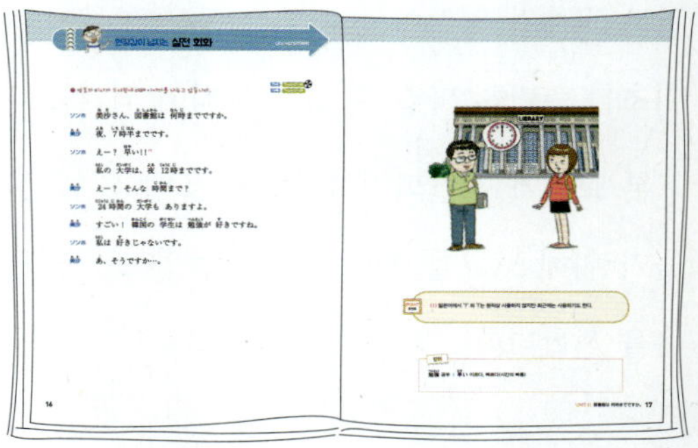

실력을 키우는 응용연습

문법노트, 바로바로 연습, 실전회화를 통해 학습한 내용을 다양한 형태로 연습해 봅니다. 여러 스타일로 구성되어 있기 때문에 더욱 흥미로운 학습이 될 수 있습니다.

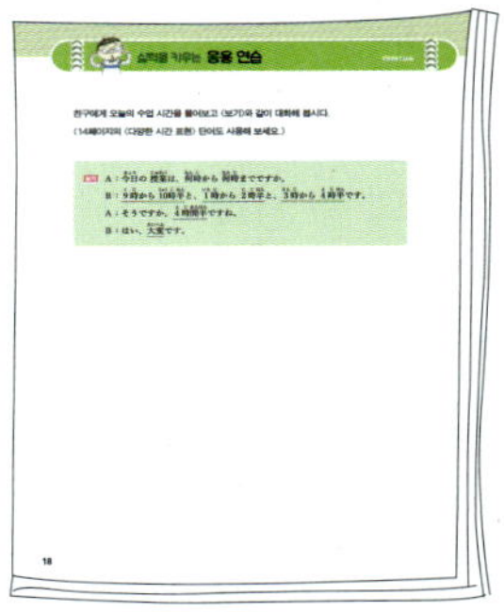

오늘의 일본 문화

오늘날 일본 사회의 문화에 대한 소개입니다. 다양한 삽화, 사진을 보며 일본에 대한 이해를 높일 수 있습니다.

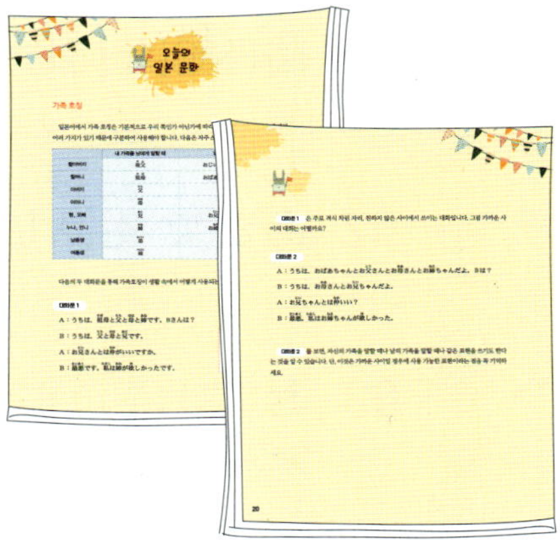

목차

부록

학습구성표

과	학습목표	학습 내용
UNIT 01 図書館は 何時まで ですか。	일본어로 시간을 말할 수 있다.	① 何時ですか。 몇 시입니까? ② 何分ですか。 몇 분입니까? ③ ~から ~まで ~부터 ~까지 ④ ~時間 ~시간
UNIT 02 あとで 電話します。	동사를 이용하여 하루 일과를 말할 수 있다.	① 동사 이것만은 익혀 두자! ② 동사 종류 구별 방법 ③ 동사 ます 동사 합니다 ④ 동사 ません。 동사 하지 않습니다. ⑤ 동사 ました。 동사 했습니다. ⑥ 동사 ませんでした。 동사 하지 않았습니다.
UNIT 03 おいしい 魚を 食べに 行きたいです。	하고 싶은 것을 말할 수 있다.	① 동사 たいです。 동사 하고 싶어요. ② 동사 に 行きます。 동사 하러 갑니다. ③ 동사 ながら 동사 하면서
UNIT 04 外国語を 話す ことが できますか。	자신의 능력이나 취미에 대해 말할 수 있다.	① 동사 前に 동사 동사 하기 전에 동사 하다 ② 동사 ことです。 동사 하는 것입니다. ③ 동사 ことが できます。 동사 할 수 있습니다.
UNIT 05 泳がないで ください。	동사를 이용하여 금지, 의무, 조언을 말할 수 있다.	① 동사 ない 동사 하지 않다 ② 동사 ないで ください。 동사 하지 마세요. ③ 동사 ないと いけません。 동사 해서는 안 됩니다. ④ 동사 ない ほうが いいです。 동사 하지 않는 편이 좋습니다.

과	학습목표	학습 내용
UNIT 06 充電(じゅうでん)しても いいですか。	허가를 구할 수 있다.	① 동사 て(で)　동사 하고 / 해서 ② 동사 て(で)も いいですか。 동사 해도 됩니까? ③ 동사 て(で)は いけません。 동사 해서는 안 됩니다.
UNIT 07 レポートを 書(か)いて います。	지금 하고 있는 동작을 말할 수 있다.	① 동사 て(で) います。동사 하고 있습니다. (1) 진행 (2) 착용 (3) 항상「~て(で) います」를 써야 하는 동사 －結婚(けっこん)する, 似(に)る ② 동사 て(で) ください。동사 해 주세요. ③ 동사 て(で) みます。동사 해 봅니다.
UNIT 08 スカイツリーに 行(い)った ことが あります。	동사 た형을 이용하여 경험이나 습관을 말할 수 있다.	① 동사 た(だ)　동사 했다 ② 동사 た(だ) ことが あります。 동사 한 적이 있습니다. ③ 동사 た(だ)り、동사 た(だ)り します。 동사 하거나 동사 하거나 합니다.
UNIT 09 一緒(いっしょ)に 草津温泉(くさつおんせん)に 行(い)く 予定(よてい)です。	예정을 말할 수 있다.	① 동사 予定(よてい)です。동사 할 예정입니다. ② 동사 かも しれません。 동사 일지도 모릅니다. ③ 동사 とき、……。동사 할 때, ……. 동사 た(だ) とき、……。동사 했을 때, …….
UNIT 10 来週(らいしゅう)の 金曜日(きんようび)です。	날짜나 요일을 묻고 답할 수 있다.	① 何月何日(なんがつなんにち) 몇 월 며칠 (1) 何月(なんがつ) (2) 何日(なんにち) ② いつですか。언제입니까? ③ 何曜日(なんようび) 무슨 요일 ④ 때를 나타내는 말 ④ 명사 でした。명사 였습니다.

등장인물 소개

キム·ソンホ (김성호)

일본어를 전공하고 있는 대학교 3학년 학생이다.
이번 봄부터 일본 도쿄에 있는 에도 대학교에서 유학하고 있다.

あおたみさ
青田美沙 (아오타 미사)

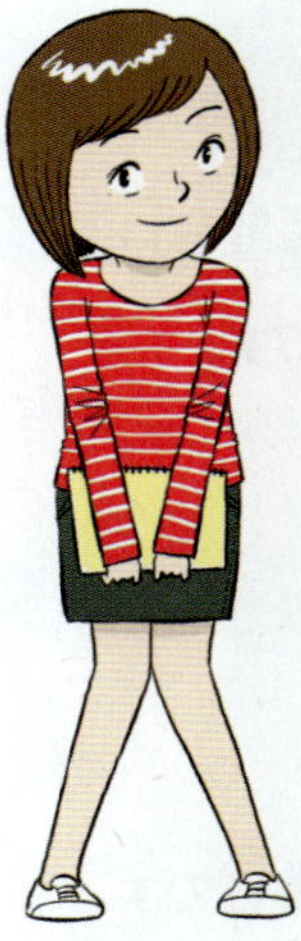

현재 4학년인 에도대학교 재학생이다.
유학생 도우미를 맡고 있다.

UNIT 01

図書館(としょかん)は 何時(なんじ)までですか。

도서관은 몇 시까지입니까?

학습목표 일본어로 시간을 말할 수 있다.

성호와 미사가 도서관에 대해 이야기를 나누고 있습니다.

Track 01-01

01 何時(なんじ)ですか。 몇 시입니까?

예 A：何時(なんじ)ですか。

B：1時(いちじ)です。 / 4時(よじ)です。 / 9時(くじ)です。

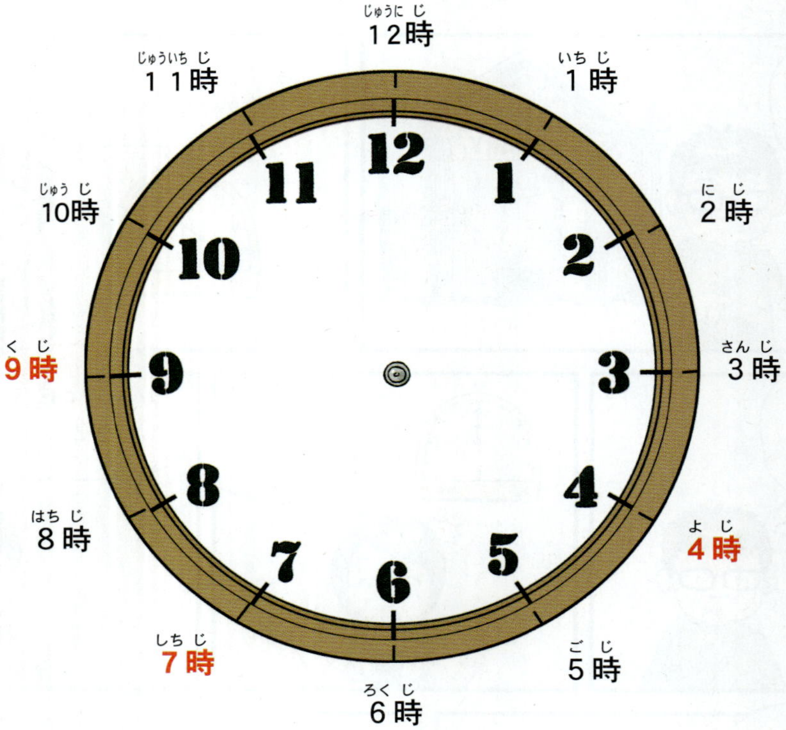

02 何分(なんぷん)ですか。 몇 분입니까?

예 A：何分(なんぷん)ですか。

B：12分(じゅうにふん)です。 / 30分(さんじゅっぷん)です。 / 1分(いっぷん)です。

1分 いっぷん	2分 にふん	3分 さんぷん	4分 よんぷん	5分 ごふん
6分 ろっぷん	7分 ななふん	8分 はっぷん	9分 きゅうふん	10分 じゅっぷん
20分 にじゅっぷん	30分 さんじゅっぷん (＝半(はん))	40分 よんじゅっぷん	50分 ごじゅっぷん	何分 なんぷん

예 십 → じゅう　　오분 → ごふん

바로바로 연습 (1)

〈보기〉와 같이 말해 봅시다. Track 01-02

보기 2：20

A：何時何分(なんじなんぷん)ですか。

B：にじにじゅっぷんです。

① 11:30 ② 4:10 ③ 7:17

④ 9:36 ⑤ 10:08 ⑥ 1:01

03 ～から ～まで　　～부터 ～까지

예　A：レストランは、何時(なんじ)から 何時(なんじ)までですか。

　　B：午前(ごぜん) 9時(くじ)から 午後(ごご) 7時(しちじ)までです。

다양한 시간 표현

午前(ごぜん) 오전	午後(ごご) 오후	朝(あさ) 아침	昼(ひる) 낮	夜(よる) 밤

夕方(ゆうがた) 저녁	ちょうど 정각	前(まえ) 전	半(はん) 반	過(す)ぎ 넘음, 지남

＊ 일본에서는 「夕方(ゆうがた)」이라는 말은 해가 지기 시작하고 나서 어두워지기 전까지를 나타낸다. 보통 오후 4시경부터 7시 전까지를 나타낸다.

바로바로 연습 (2)

<보기>와 같이 말해 봅시다. Track 01-03

보기 (미용실 / 아침 10:15 ~ 밤 9:00)

A：美容院(びよういん)は、何時(なんじ)から 何時(なんじ)までですか。

B：朝(あさ) 10時(じゅうじ)15分(じゅうごふん)から 夜(よる) 9時(くじ)までです。

① 도서관 / 아침 8:30 ~ 밤 10:00　② 병원 / 오전 8:45 ~ 오후 6:00

③ 은행 / 아침 9:00 ~ 오후 4:00　④ 식당 / 낮 11:00 ~ 밤 7:00

⑤ 오늘 수업 / 오전 10:00 ~ 오후 4:30

04 ～時間(じかん)　～시간

예

1時間(いちじかん)

3時間半(さんじかんはん)

1時間(いちじかん) 20分(にじゅっぷん)

단어

美容院(びよういん) 미용실 | 食堂(しょくどう) 식당 | 今日(きょう) 오늘

현장감이 넘치는 실전 회화 conversation

전체 - Track 01-04
반복 - Track 01-05

● 성호와 미사가 도서관에 대해 이야기를 나누고 있습니다.

ソンホ　美沙(みさ)さん、図書館(としょかん)は　何時(なんじ)までですか。

美沙(みさ)　夜(よる)、7時半(しちじはん)までです。

ソンホ　えー？　早(はや)い!![(1)]

　　　　私(わたし)の　大学(だいがく)は、夜(よる)　12時(じゅうにじ)までです。

美沙(みさ)　えー？　そんな　時間(じかん)まで？

ソンホ　24時間(にじゅうよじかん)の　大学(だいがく)も　ありますよ。

美沙(みさ)　すごい！　韓国(かんこく)の　学生(がくせい)は　勉強(べんきょう)が　好(す)きですね。

ソンホ　私(わたし)は　好(す)きじゃないです。

美沙(みさ)　あ、そうですか…。

POINT 포인트

(1) 일본어에서 '?' 와 '!'는 원칙상 사용하지 않지만 최근에는 사용하기도 한다.

단어

勉強(べんきょう) 공부 | 早(はや)い 이르다, 빠르다(시간의 빠름)

실력을 키우는 **응용 연습**

exercise

친구에게 오늘의 수업 시간을 물어보고 〈보기〉와 같이 대화해 봅시다.

(14페이지의 〈다양한 시간 표현〉 단어도 사용해 보세요.)

보기

A：今日(きょう)の 授業(じゅぎょう)は、何時(なんじ)から 何時(なんじ)までですか。

B：9時(くじ)から 10時半(じゅうじはん)と、1時(いちじ)から 2時半(にじはん)と、3時(さんじ)から 4時半(よじはん)です。

A：そうですか。4時間半(よじかんはん)ですね。

B：はい、大変(たいへん)です。

오늘의 일본 문화

가족 호칭

일본어에서 가족 호칭은 기본적으로 우리 쪽인가 아닌가에 따라 결정됩니다. 또한 경우에 따라 여러 가지가 있기 때문에 구분하여 사용해야 합니다. 다음은 자주 쓰여지는 가족 호칭입니다.

	내 가족을 남에게 말할 때	남의 가족을 말할 때
할아버지	祖父(そふ)	おじいさん、おじいちゃん
할머니	祖母(そぼ)	おばあさん、おばあちゃん
아버지	父(ちち)	お父(とう)さん
어머니	母(はは)	お母(かあ)さん
형, 오빠	兄(あに)	お兄(にい)さん、お兄(にい)ちゃん
누나, 언니	姉(あね)	お姉(ねえ)さん、お姉(ねえ)ちゃん
남동생	弟(おとうと)	弟(おとうと)さん
여동생	妹(いもうと)	妹(いもうと)さん

다음의 두 대화문을 통해 가족호칭이 생활 속에서 어떻게 사용되는지 살펴봅시다.

대화문 1

A：うちは、祖母(そぼ)と父(ちち)と母(はは)と姉(あね)です。Bさんは？

B：うちは、父(ちち)と母(はは)と兄(あに)です。

A：お兄(にい)さんとは仲(なか)がいいですか。

B：最悪(さいあく)です。私(わたし)は姉(あね)が欲(ほ)しかったです。

단어

うち 우리(집, 가정)
仲(なか)が いい 사이가 좋다
最悪(さいあく) 최악

대화문 1 은 주로 격식 차린 자리, 친하지 않은 사이에서 쓰이는 대화입니다. 그럼 가까운 사이의 대화는 어떨까요?

대화문 2

A：うちは、おばあちゃんとお父さんとお母さんとお姉ちゃんだよ。Bは？

B：うちは、お母さんとお兄ちゃんだよ。

A：お兄ちゃんとは仲いい？

B：最悪。私はお姉ちゃんが欲しかった。

대화문 2 를 보면, 자신의 가족을 말할 때나 남의 가족을 말할 때나 같은 표현을 쓰기도 한다는 것을 알 수 있습니다. 단, 이것은 가까운 사이일 경우에 사용 가능한 표현이라는 점을 꼭 기억하세요.

UNIT 02 あとで電話(でんわ)します。

나중에 전화하겠습니다.

학습목표 동사를 이용하여 하루 일과를 말할 수 있다.

약속에 늦은 성호가 미사에게 전화를 걸어 이야기를 하고 있습니다.

Track 02-01

01 동사 이것만은 익혀 두자!

会(あ)う
만나다

遊(あそ)ぶ
놀다

行(い)く
가다

起(お)きる
일어나다

泳(およ)ぐ
수영하다

書(か)く
쓰다

来(く)る
오다

死(し)ぬ
죽다

する
하다

座(すわ)る
앉다

立(た)つ
일어서다

食(た)べる
먹다

寝(ね)る
자다

飲(の)む
마시다

話(はな)す
이야기하다

見(み)る
보다

読(よ)む
읽다

乗(の)る
타다

* 일본어의 동사는 「う단」으로 끝난다.

02 동사 종류 구별 방법

일본어의 동사는 크게 세 그룹(1그룹동사, 2그룹동사, 3그룹동사)으로 나눌 수 있다.

3그룹동사	
「来(く)る」「する」	
2그룹동사	
「る」로 끝나고 바로 앞에 「い단」「え단」이 오는 동사	예 見(み)る, 食(た)べる
1그룹동사	
(1) 「る」로 끝나지 않는 동사	예 会(あ)う, 行(い)く
(2) 「る」로 끝나고 바로 앞에 「あ」단, 「う」단, 「お」단이 오는 동사	예 座(すわ)る, 乗(の)る

＊ 예외적 1그룹동사(형태는 2그룹동사이지만 활용은 1그룹동사로 하는 예외동사)

切(き)る	帰(かえ)る	入(はい)る	走(はし)る
자르다	돌아가다, 돌아오다	들어가다, 들어오다	달리다

바로바로 연습 (1)

다음에 나오는 동사를 그룹별로 나누어 써 봅시다.

会(あ)う	遊(あそ)ぶ	行(い)く	起(お)きる	泳(およ)ぐ	書(か)く	来(く)る
死(し)ぬ	する	座(すわ)る	立(た)つ	食(た)べる	寝(ね)る	飲(の)む
話(はな)す	見(み)る	読(よ)む	乗(の)る			

1그룹동사	2그룹동사	3그룹동사

03 동사 ます　　동사 합니다

3그룹동사	
来(く)る → 来(き)ます する → します	
2그룹동사	
る → ます	예 見(み)る → 見(み)ます 食(た)べる → 食(た)べます
1그룹동사	
어미 う단 → い단ます	예 会(あ)う → 会(あ)います 帰(かえ)る → 帰(かえ)ります

* 「ます」에 「か」를 붙인 형태인 「ますか」는 '~합니까?'에 해당된다.

바로바로 연습 (2)

31페이지 <동사활용표>의 동사를 <보기>와 같이 바꾸어 써 봅시다.

보기 会(あ)う → 会(あ)います

04 동사 ません。　　동사 하지 않습니다.

「～ます」를「～ません」로 바꾸면 '~하지 않습니다'가 된다.

예 会(あ)いません。

食(た)べません。

しません。

来(き)ません。

帰(かえ)りません。

＊「ません」에「か」를 붙인 형태인「ませんか」는 '~하지 않겠습니까?'에 해당된다.

바로바로 연습 (3)

31페이지 〈동사활용표〉의 동사를 〈보기〉와 같이 바꾸어 써 봅시다.

보기 会(あ)う → 会(あ)いません

바로바로 연습 (4)

〈보기〉와 같이 말해 봅시다.　Track 02-02

보기 友達(ともだち)に 会(あ)う

A： 今日(きょう)、友達(ともだち)に 会(あ)いますか。

B1： はい、友達(ともだち)に 会(あ)います。

B2： いいえ、友達(ともだち)に 会(あ)いません。

① 勉強(べんきょう)を する

② すしを 食(た)べる

③ 早(はや)く 寝(ね)る

④ お酒(さけ)を 飲(の)む

⑤ ドラマを 見(み)る

＊「会(あ)う」는 「を」 대신 「に」를 사용한다.

단어

友達(ともだち) 친구 | ドラマ 드라마

05 동사 ました。 동사 했습니다.

「～ます」를「～ました」로 바꾸면 '～했습니다'가 된다.

예 会(あ)いました。

食(た)べました。

しました。

来(き)ました。

帰(かえ)りました。

바로바로 연습 (5)

31페이지 〈동사활용표〉의 동사를 〈보기〉와 같이 바꾸어 써 봅시다.

보기 会(あ)う → 会(あ)いました

06 동사 ませんでした。 동사 하지 않았습니다.

「～ます」를「～ませんでした」로 바꾸면 '~지 않았습니다'가 된다.

예
会(あ)いませんでした。
食(た)べませんでした。
しませんでした。
来(き)ませんでした。
帰(かえ)りませんでした。

바로바로 연습 (6)

31페이지 〈동사활용표〉의 동사를 〈보기〉와 같이 바꾸어 써 봅시다.

보기 会(あ)う → 会(あ)いませんでした

동사활용표

동사 기본형	～ます	～ません	～ました	～ませんでした
会う				
遊ぶ				
行く				
起きる				
泳ぐ				
書く				
来る				
死ぬ				
する				
座る				
立つ				
食べる				
寝る				
飲む				
話す				
見る				
読む				
乗る				

● 약속에 늦은 성호가 미사에게 전화를 걸어 이야기를 하고 있습니다.

전체 - Track 02-03
반복 - Track 02-04

ソンホ　もしもし、すみません。少(すこ)し 遅(おく)れます。

美沙(みさ)　はい、ソンホ君(くん)、今(いま) どこですか。

ソンホ　今(いま)、バスに 乗(の)りました。

美沙(みさ)　ソンホ君(くん)、バスの 中(なか)で、電話(でんわ)は だめですよ。

ソンホ　えっ。わかりました。あとで 電話(でんわ)します。

美沙(みさ)　はい。

~버스 하차 후, 만나서~

ソンホ　ごめんなさい。寝坊(ねぼう)しました。

美沙(みさ)　そうですか。昨日(きのう)、ちゃんと 寝(ね)ましたか。

ソンホ　いいえ…。すみません。今日(きょう)は 私(わたし)が おごりますから(1)。

POINT 포인트

(1) 「 문장 끝 + から」는 '~해서', '~하기 때문에' 이외에도 '~할 테니까'로 해석할 수 있다.

단어

遅(おく)れる 늦어지다 | わかる 알다 | あとで 나중에, 이따가 | 寝坊(ねぼう) 늦잠 | ちゃんと 제대로, 확실히 | おごる 한턱 내다

실력을 키우는 응용 연습

exercise

다음의 동사를 활용하여 질문을 만들어 친구에게 물어봅시다.

会(あ)う	遊(あそ)ぶ	行(い)く	起(お)きる	泳(およ)ぐ	書(か)く	来(く)る	死(し)ぬ	する
座(すわ)る	立(た)つ	食(た)べる	寝(ね)る	飲(の)む	話(はな)す	見(み)る	読(よ)む	乗(の)る

1. ❶~❹에 질문을 만들어 〈보기〉와 같이 적어 봅시다.

준비

오늘(앞으로)에 대한 질문

今日(きょう)、本(ほ)を 読(よ)みますか。

어제에 대한 질문

昨日(きのう)、バスに 乗(の)りましたか。

❶ ____________________

❷ ____________________

❸ ____________________

❹ ____________________

2. 1에서 만든 ❶~❹의 질문을 사용하여 〈보기〉와 같이 대화해 봅시다.

보기 A：今日(きょう)、本(ほん)を 読(よ)みますか。

B：はい、読(よ)みます。 / いいえ、読(よ)みません。

A：昨日(きのう)、バスに 乗(の)りましたか。

B：はい、乗(の)りました。 / いいえ、乗(の)りませんでした。

＊「乗(の)る」라는 동사는 '~을/를 타다'이다. 그것을 직역하면 「~を 乗(の)る」가 되지만 일본어로는 「~に 乗(の)る」라고 한다.

오늘의 일본 문화

콤비니(コンビニ)

일본어 문법도 점점 복잡하고 어려워지고 있지만, 그만큼 일본어로 말할 수 있는 표현도 다양해지고, 일본으로 여행을 가 볼까 생각하는 사람도 있겠지요?

도쿄? 교토? 오사카? 어디를 가든 '콤비니'에 꼭 들러 보세요. '콤비니'는 'convenience store'의 준말로, 한국어로는 '편의점'입니다.

여기에서는 일본의 편의점, '콤비니'에 대해서 살펴봅시다.

배가 좀 고플 때, 자료를 복사하거나 택배나 그림엽서를 보내고 싶을 때, 갑자기 배가 아플 때…, 한국에서는 어디에서 해결하나요? 일본에서는 '콤비니'가 언제라도 해결해 줍니다.

다음은 '콤비니'의 주요 서비스 내용입니다.

- ATM(automated teller machine : 현금 자동 입출금기)
- 택배, 클리닝 서비스 창구
- 우표와 엽서 등의 판매, 우체국 택배 접수 등 우체국의 일부 업무 대행
- 영화, 콘서트, 스포츠 등의 각종 티켓 구입
- 공공요금, 국민연금과 세금의 납부
- 주민표의 중개 및 공공시설의 예약 등 행정 관련 서비스 대행
- 디지털카메라 사진 인화
- 인터넷 쇼핑 상품 수취

기본적인 서비스는 한국의 편의점과 비슷하군요. 크게 다른 점은 '콤비니'에는 대개 화장실이 갖추어져 있다는 것입니다. 화장실은 무료로 사용할 수 있지만 고마운 마음에 껌이나 음료수를 사는 사람도 많습니다. 또한 방범상, 「防犯上使用前に店員にひと声かけてください」 라고 화장실 사용 전에 점원에게 미리 말하도록 스티커가 붙어 있는 곳도 있습니다.

다양한 서비스뿐만은 아니라, 다양한 상품의 라인업 또한 '콤비니'의 매력이라고 말할 수 있습니다. 많은 종류의 도시락이나 빵, PB(프라이빗 브랜드)상품이 많고 만두와 핫도그, 치킨 등의 간식류를 보면 일본의 콤비니 업계가 여러모로 힘쓰고 있다는 것을 알 수 있습니다. 또한 컵라면이나 과자는 신상품, 한정 상품 등 구하기 힘든 상품을 재빠르게 도입하고 있어 여행 기념 선물로 주기에도 딱입니다. 이처럼 '콤비니'에는 일본의 식문화가 전부 갖춰져 있다고 할 수 있습니다.

현재 일본에 있는 '콤비니'는 5만 점포 남짓. '콤비니'에 놓여 있는 상품은 '콤비니' 브랜드마다 다르지만, 지역에 따라 다른 먹거리 상품을 판매하고 있기도 합니다. 그동안 일본 여행을 몇 번이나 했고, '콤비니'에 대해 꿰뚫고 있는 달인이라면, 이제는 '콤비니'음식의 지역 차이를 즐겨 보면 어떨까요?

콤비니

UNIT 03

おいしい 魚を 食べに 行きたいです。

맛있는 생선을 먹으러 가고 싶습니다.

학습목표 하고 싶은 것을 말할 수 있다.

성호와 미사가 주말 계획에 대해서 이야기를 나누고 있습니다.

Track 03-01

01 동사 たいです。 동사 하고 싶어요.

예 映画(えいが)が 見(み)たいです。

旅行(りょこう)が したいです。

友達(ともだち)に 会(あ)いたいです。

＊ 목적격 조사「を」를 사용하는 동사라고 해도「～たいです」문장에서는「が」가 자주 사용된다.

예 コーラを 飲(の)みます。 → コーラが 飲(の)みたいです。

漫画(まんが)を 読(よ)みます。 → 漫画(まんが)が 読(よ)みたいです。

단어

映画(えいが) 영화 | **旅行(りょこう)** 여행 | **漫画(まんが)** 만화

바로바로 연습 (1)

아래의 단어를 사용해서 <보기>와 같이 말해 봅시다. Track 03-02

보기 プール / 泳(およ)ぐ

プールで 泳(およ)ぎたいです。

①

②

③

④

⑤

⑥

〈명사〉	〈동사〉
祖母(そぼ)　コーヒー　飛行機(ひこうき)	会(あ)う　行(い)く　飲(の)む
とんかつ　勉強(べんきょう)　アメリカ	乗(の)る　食(た)べる　する

단어

飛行機(ひこうき) 비행기

02 동사 に 行(い)きます。 동사 하러 갑니다.

어떤 목적으로 어딘가에 가는 것을 나타낼 경우, 동사를 ます형으로 만들어 「に 行(い)きます」에 접속한다.

예 友達(ともだち)に 会(あ)いに 行(い)きます。

映画(えいが)を 見(み)に 行(い)きます。

テニスを しに 行(い)きます。

＊ 동작성 명사의 경우에는 바로 「に」를 접속할 수 있다.

예 散歩(さんぽ)を しに 行(い)きます。 → 散歩(さんぽ)に 行(い)きます。

勉強(べんきょう)を しに 行(い)きます。 → 勉強(べんきょう)に 行(い)きます。

運動(うんどう)を しに 行(い)きます。 → 運動(うんどう)に 行(い)きます。

단어

散歩(さんぽ) 산책 | 運動(うんどう) 운동

바로바로 연습 (2)

<보기>와 같이 말해 봅시다.

Track 03-03

보기 遊園地 / 遊ぶ

A：明日は 何を しますか。
B：<u>遊園地に 遊びに</u> 行きます。

① 服 / 買う

② フランス料理 / 食べる

③ 花火 / 見る

03 동사 ながら — 동사 하면서

두 가지 동작을 동시에 하는 것을 나타낼 경우, 동사를 **ます**형으로 만들어 「ながら」를 접속한다.

예 お茶を 飲みながら 話します。
テレビを 見ながら ご飯を 食べます。
掃除を しながら 友達を 待ちます。

단어

遊園地 유원지, 놀이공원 | 買う 사다 | 花火 불꽃놀이 | テレビ 텔레비전 | ご飯 밥 | 掃除 청소 | 待つ 기다리다

현장감이 넘치는 **실전 회화** conversation

● 성호와 미사가 주말 계획에 대해서 쉬는 시간에 이야기를 나누고 있습니다.

전체 - Track 03-04
반복 - Track 03-05

ソンホ　美沙(みさ)さん、週末(しゅうまつ)に 何(なに)か 予定(よてい) ありますか。

美沙(みさ)　週末(しゅうまつ)は……。特(とく)に ないです。ソンホ君(くん)は？

ソンホ　私(わたし)も 特(とく)に……。どこか 一緒(いっしょ)に 行(い)きませんか。

美沙(みさ)　あ、海(うみ)に おいしい 魚(さかな)を 食(た)べに 行(い)きたいです。

ソンホ　いいですね！ 私(わたし)も 行(い)きたいです。一緒(いっしょ)に 行(い)きましょう(1)。
私(わたし)が 車(くるま)を 運転(うんてん)します。

美沙(みさ)　わあ、うれしいです！ 寝(ね)ながら 行(い)きます！

ソンホ　……。話(はなし)を しながら 行(い)きましょう。

POINT 포인트

(1) 「~ましょう」는 '~합시다'에 해당한다.

단어

週末(しゅうまつ) 주말 | 予定(よてい) 예정 | 特(とく)に 딱히(뒤에 부정어를 수반할 경우), 특히 |
海(うみ) 바다 | 魚(さかな) 생선, 물고기 | 車(くるま) 자동차 | 運転(うんてん) 운전 | うれしい 기쁘다

실력을 키우는 **응용 연습** exercise

「ながら」를 사용하여 〈보기〉와 같이 연습해 봅시다.

보기

・夏休(なつやす)みに、音楽(おんがく)を 聞(き)きながら ドライブしました。

・誕生日(たんじょうび)パーティーで、歌(うた)を 歌(うた)いながら ダンスを しました。

A. ＿＿＿＿＿＿、＿＿＿＿＿＿＿＿ながら＿＿＿＿＿＿＿＿ました。

단어

夏休(なつやす)み 여름방학 | 音楽(おんがく) 음악 | ドライブ 드라이브 | 誕生日(たんじょうび) 생일 |
パーティー 파티 | 歌(うた) 노래 | 歌(うた)う 부르다(노래) | ダンス 댄스

오늘의 일본 문화

도쿄 스카이 트리

도쿄 스카이 트리

도쿄 도 스미다 구, 스미다 강변의 역사적 정서가 묻어나는 변두리에 높이 634미터의 타워를 지었습니다. '도쿄 스카이 트리'라는 이름의 전파탑입니다. 전파탑은 텔레비전 방송 등의 전파를 높은 위치에서 멀리 보내기 위한 것으로, 이 전파탑 덕분에 각 가정에서 전파를 수신할 수 있습니다.

도쿄 타워

원래 이 역할은 1958년에 세워진 높이 333미터의 도쿄 타워가 맡고 있었습니다. 그러나 시대의 흐름과 함께 전파에 장애가 되는 고층 건물이 증가하고, 휴대 기기용 방송 등 송신 전파의 종류도 많아지면서, 도쿄에 있는 6개 방송국과 도부 철도의 민간 사업 프로젝트로 2012년에 세워졌습니다.

고층 빌딩이 많은 현재의 도쿄에서 전파탑으로서 역할을 하려면 600미터 이상의 높이가 필요했는데, 최종적으로 634미터의 높이가 된 것은 숫자 읽기 발음과 관련이 있습니다. 일본어의 숫자 읽는 방법에는 몇 가지 종류가 있는데, 6는 'む', 3은 'さ', 4는 'し'라는 소리로 나타낼 수 있습니다. 옛날, 도쿄와 그 인근은 '무사시'로 불리는 지역이었습니다. 이 역사적인 호칭에 맞추어 '634'라는 높이로 결정된 것입니다.

호류지 오층탑

근대적 고층 건축과 역사적 전통의 융합이 도쿄 스카이 트리의 콘셉트입니다. 역사적 정서가 남은 변두리에 지어졌다는 점에서도 전통성을 느낄 수 있지만, 타워의 구조가 1,300년 이상 전에 지어진 나라 현 호류지 오층탑의 구조 원리를 적용하였다는 점에서도 전통을 잘 살렸다는 것을 알 수 있습니다. 호류지 오층탑은 천 년 넘는 세월을 어떤 지진에도 무너지지 않고 버텨낸 탑입니다. 이런 호류지 오층탑을 본떠 만들었기 때문에 상징성과 실용성을 모두 잡았다고 할 수 있습니다.

도쿄 스카이 트리에는 350미터 높이에 '덴보 데크', 450미터 높이에 '덴보 카이로'이라는 두 개의 전망대가 있습니다. 엘리베이터에서 '덴보 데크'까지는 약 50초, 다시 거기에서 약 30초면 '덴보 카이로'까지 올라갈 수 있습니다. 매일 많은 손님으로 붐비지만, 손님을 끄는 힘은 이 타워 자체에만 있는 것은 아닙니다. 300점포 이상의 가게가 들어가 있는 도쿄 소라마치(하늘의 거리)라는 상업 시설이나 각종 오락 시설, 오피스 빌딩도 즐비하여, 도쿄 스카이 트리 타운이라는 거리가 형성되어 도쿄의 새로운 명소가 되었습니다.

UNIT 04

外国語を 話す ことが できますか。

외국어를 말할 수 있습니까?

학습목표 자신의 능력이나 취미에 대해 말할 수 있다.

성호와 미사가 취미에 대해서 이야기하고 있습니다.

Track 04-01

01 동사 前に 동사　　동사 하기 전에 동사 하다

예 寝(ね)る 前(まえ)に 本(ほん)を 読(よ)みます。

ご飯(はん)を 食(た)べる 前(まえ)に 手(て)を 洗(あら)います。

泳(およ)ぐ 前(まえ)に 準備運動(じゅんびうんどう)を します。

단어

洗(あら)う 씻다 | 準備運動(じゅんびうんどう) 준비 운동

바로바로 연습 (1)

<보기>와 같이 말해 봅시다.

Track 04-02

보기 寝(ね)る / 本(ほん)を　読(よ)む

寝(ね)る 前(まえ)に 本(ほん)を 読(よ)みます。

① 家(いえ)を 出(で)る / 新聞(しんぶん)を 読(よ)む

② 学校(がっこう)に 行(い)く / シャワーを 浴(あ)びる

③ 友達(ともだち)の 家(いえ)に 遊(あそ)びに 行(い)く / 電話(でんわ)を する

④ ゲームを する / 宿題(しゅくだい)を する

⑤ 薬(くすり)を 飲(の)む / 食事(しょくじ)を する

⑥ 顔(かお)を 洗(あら)う / 歯(は)を 磨(みが)く

단어

家(いえ) 집 | **新聞(しんぶん)** 신문 | **シャワーを 浴(あ)びる** 샤워를 하다 | **ゲーム** 게임 |
薬(くすり)を 飲(の)む 약을 먹다 | **食事(しょくじ)** 식사 | **顔(かお)** 얼굴 | **歯(は)を 磨(みが)く** 이를 닦다

02 동사 ことです。 동사 하는 것입니다.

예 私(わたし)の 趣味(しゅみ)は、音楽(おんがく)を 聞(き)く ことです。

私(わたし)の 夢(ゆめ)は、医者(いしゃ)に なる ことです。

目標(もくひょう)は 100点(ひゃくてん)を とる ことです。

바로바로 연습 (2)

〈보기〉와 같이 말해 봅시다. Track 04-03

보기 音楽(おんがく)を 聞(き)く

A：趣味(しゅみ)は 何(なん)ですか。

B：音楽(おんがく)を 聞(き)く ことです。

① 映画(えいが)を 見(み)る
② 写真(しゃしん)を 撮(と)る
③ 車(くるま)を 運転(うんてん)する
④ 料理(りょうり)を 作(つく)る
⑤ 歌(うた)を 歌(うた)う
⑥ 친구 2명에게 취미를 물어보세요.

단어

趣味(しゅみ) 취미 | 夢(ゆめ) 꿈 | 医者(いしゃ) 의사 | 目標(もくひょう) 목표 | 点(てん) 점, 점수 | 写真(しゃしん) 사진 | 撮(と)る 찍다(사진) | 作(つく)る 만들다

03 동사 ことが できます。 동사 할 수 있습니다.

예 韓国料理を 作る ことが できます。

ピアノを 弾く ことが できます。

この 電話で 国際電話を かける ことが できます。

この カードで 払う ことが できますか。

* 동사 「できる」는 목적조사 「を」와 함께 쓰이지 않고, 「が」와 함께 쓰인다.

* 「동사 기본형 こと」라는 형태를 활용하여 「동사 기본형 ことが 好きです」라고 하면 '~하는 것을 좋아합니다'라는 표현이 된다.

예 私は 絵を 描く ことが 好きです。

日本料理を 作る ことが 好きです。

단어

ピアノ 피아노 | 弾く 연주하다 | 国際電話 국제전화 | カード 카드 |
払う 지불하다 | 絵 그림 | 描く 그리다

현장감이 넘치는 실전 회화 conversation

전체 - Track 04-04
반복 - Track 04-05

● 성호와 미사가 취미에 대해서 이야기하고 있습니다.

美沙(みさ)　ソンホ君(くん)、それは 何(なん)ですか。

ソンホ　携帯(けいたい)ゲームです。

私(わたし)の 趣味(しゅみ)は ゲームを する ことなんです(1)。

美沙(みさ)　へえ。

ソンホ　美沙(みさ)さんの 趣味(しゅみ)は 何(なん)ですか。

美沙(みさ)　私(わたし)は 外国語(がいこくご)を 勉強(べんきょう)する ことです。

ソンホ　へえ。どんな 外国語(がいこくご)を 話(はな)す ことが できますか。

美沙(みさ)　ええと、英語(えいご)と スペイン語(ご)が できます。

それから 中国語(ちゅうごくご)も 少(すこ)し。

ソンホ　わあ、すごいですね！

美沙(みさ)　韓国語(かんこくご)も 勉強(べんきょう)したいです。

ソンホ　じゃあ、一緒(いっしょ)に 勉強(べんきょう)しましょう。

…でも、私(わたし)、お腹(なか)が ペコペコなんです。

勉強(べんきょう)する 前(まえ)に ご飯(はん)を 食(た)べに 行(い)きませんか。

美沙(みさ)　いいですね。

POINT 포인트

(1) 「んです」는 어떤 사정이나 이유를 설명하는 경우, 강조를 할 경우에 사용한다.

단어

携帯(けいたい)ゲーム 휴대전화 게임 | 外国語(がいこくご) 외국어 | お腹(なか) 배(신체) |
ペコペコ 몹시 배가 고픔

당신은 미팅에 와 있습니다. 마음에 드는 이성한테 자신을 어필해 봅시다.

보기

私(わたし)は 日本語(にほんご)を 話(はな)す ことが できます。

それから 車(くるま)を 運転(うんてん)する ことも できます。

趣味(しゅみ)は 音楽(おんがく)を 聞(き)く ことと、ピアノを 弾(ひ)く ことです。

寝(ね)る 前(まえ)に 必(かなら)ず ストレッチを します。

自己(じこ)アピール 자기 어필

____

____

____

____

____

____

단어

ストレッチ 스트레칭 | 自己(じこ) 자기 | アピール 어필

오늘의 일본 문화

일본의 교육

여러분은 무엇 때문에 대학에 진학했나요? 대학에서 지금 무엇을 배우고 있나요? 대학 졸업 후 무엇을 하고 싶으세요?

한국의 대학 진학률은 세계적으로 봐도 매우 높습니다. 2011년부터 2014년까지 대학(4년제 대학과 전문대학(일본에서 말하는 단기 대학) 진학률은 평균 72.7%입니다. 한편 일본은 53.7%(전문대 포함)입니다.

한일 양국 모두 90% 이상이 고등학교에 진학한다는 점은 비슷한데, 대학 진학의 경우 수치의 차이가 나는 것은 왜일까요? 그 이유로 우선 들 수 있는 것은 한국에서 전문대학에서 가르치는 내용을 일본에서는 전문학교(전문학교 전문 과정)에서 가르친다는 차이점 때문입니다. '전문학교'는 그 명칭에서도 알 수 있듯이, '각종학교(학교 교육법 적용을 받지 않는 기술직업 교육시설)'에 포함되어 기본적으로 4년제 대학 편입은 인정되지 않습니다(수업 연수, 수업 시수, 취득 학점 수가 조건에 맞으면 편입 가능). 자동차 정비, 미용, 제과 · 제빵, 그래픽 디자인, 만화, 패션, 봉제 등을 배우는 자격을 취득하고자 고교생 중 상당수는 대학 아닌 전문학교에 진학합니다.

물론, 일본에서도 학력을 중시하는 사람도 적지는 않겠죠. 그러나 학력만큼 오래된 '모노즈쿠리(물건을 만드는 것)'를 소중히 여겨 가업을 잇는 경우도 적지 않습니다. 또 기술을 익히는것이 중요하다고 생각하는 사람은 대학에서 학문을 익히는 것보다 시간도 비용도 절약할 수 있는 전문학교에 가서 자격증을 따는 쪽을 선택하지요. 전문학교도 조건만 갖춰지면 4년제 대학에 편입할 수 있지만, 전문학교에서 대학으로 진학하는 사람은 별로 많지 않습니다. 전문학교에 가서 자격을 취득하여 꿈을 이룰 수 있다면 대학 졸업 자격은 필요 없다고 생각하는 사람이 많으니까요. 일본에서는 한 가지 기술에 뛰어나면 그 사람의 능력을 인정해 줍니다.

그러나, 일본에서도 둘 중 한 명은 대학에 진학합니다. 일본에서의 대학 생활은 어떨까요? 크게 다른 점은 휴학입니다. 먼저 일본 대학생은 휴학을 거의 하지 않습니다. 한국에서는 남학생의 경우 병역문제로 어쩔 수 없이 휴학을 하는 학생도 있지만, 다른 여러 가지 이유로 일반 휴학을 하는 학생도 많죠.

일본의 경우, 어학 유학 등 명확한 이유가 없는 한 휴학을 하지 않습니다. 이는 일본 기업의 입사와 크게 관련 있다고 생각됩니다. 한국에서는 취업이 정해지면 졸업 전이라도 출근하지만 일본에서는 3월 말에 일제히 졸업하여 4월에 '입사식'을 마치고 출근하기 시작합니다.

즉, 대부분의 사람이 19살에 대학에 입학하고 23살에 사회인이 됩니다. 자격증 공부 때문에 휴학했다고 한다면 취업에도 그다지 좋지 않은 영향을 미친다고 합니다.

일본의 대학교(벳푸대학교)

일본 대학생의 수업 풍경

UNIT 05

泳(およ)がないで ください。

수영하지 마세요.

학습목표 동사를 이용하여 금지, 의무, 조언을 말할 수 있다.

● 성호가 미사의 남동생과 함께 온천에 갑니다. Track 05-01

01 동사 ない 동사 하지 않다

3그룹동사	
来(く)る → 来(こ)ない する → しない	
2그룹동사	
る → ない	예 見(み)る → 見(み)ない 食(た)べる → 食(た)べない
1그룹동사	
어미 う단 → あ단ない	예 行(い)く → 行(い)かない 遊(あそ)ぶ → 遊(あそ)ばない

주의 会(あ)う → 会(あ)わない

ある → ない

* 「～ない＋です」는 '～지 않습니다'이다.

예 今日(きょう)は 学校(がっこう)に 行(い)かないです。

コーラは 飲(の)まないです。

바로바로 연습 (1)

65페이지 〈동사활용표〉의 동사를 〈보기〉와 같이 바꾸어 써 봅시다.

보기 行(い)く → 行(い)かない

02 동사 ないで ください。　동사 하지 마세요.

예 カンニングしないで ください。

友達(ともだち)と 話(はな)さないで ください。

私(わたし)の ケーキを 食(た)べないで ください。

바로바로 연습 (2)

65페이지 <동사활용표>의 동사를 <보기>와 같이 바꾸어 써 봅시다.

보기 行(い)く → 行(い)かないで ください

단어

カンニングする 커닝하다

바로바로 연습 (3)

Track 05-02

<보기>와 같이 말해 봅시다.

보기 席(せき)を 立(た)つ

席(せき)を 立(た)たないで ください。

① 韓国語(かんこくご)で 話(はな)す

② のりまきを 食(た)べる

③ 寝(ね)る

④ 落書(らくが)きを する

단어

席(せき)を 立(た)つ 자리를 뜨다, 자리에서 일어나다 | **のりまき** 김밥 | **落書(らくが)き** 낙서

03 동사 ないと いけません。 동사 해서는 안 됩니다.

예 学校(がっこう)に 行(い)かないと いけません。

宿題(しゅくだい)を しないと いけません。

明日(あした)は テストです。早(はや)く 寝(ね)ないと いけません。

바로바로 연습 (4)

65페이지 <동사활용표>의 동사를 <보기>와 같이 바꾸어 써 봅시다.

보기 行(い)く → 行(い)かないと いけません

바로바로 연습 (5)

<보기>와 같이 말해 봅시다.

Track 05-03

보기 面接(めんせつ)を 受(う)ける

面接(めんせつ)を 受(う)けないと いけません。

① 日本語(にほんご)で 話(はな)す

② お金(かね)を 払(はら)う

③ 勉強(べんきょう)を する

④ 早(はや)く 寝(ね)る

단어

面接(めんせつ)を 受(う)ける 면접을 보다 | 勉強(べんきょう)を する 공부를 하다

04 동사 ない ほうが いいです。 동사 하지 않는 편이 좋습니다.

예 ゲームを しない ほうが いいです。

たばこを 吸(す)わない ほうが いいです。

テレビを 見(み)ない ほうが いいです。

바로바로 연습 (6)

65페이지 <동사활용표>의 동사를 <보기>와 같이 바꾸어 써 봅시다.

보기 行(い)く → 行(い)かない ほうが いいです

단어

たばこ 담배 | **吸(す)う** 피우다(담배), 들이마시다

동사활용표

동사 기본형	~ない	~ないで ください	~ないと いけません	~ない ほうが いいです
会(あ)う				
遊(あそ)ぶ				
行(い)く				
起(お)きる				
泳(およ)ぐ				
書(か)く				
来(く)る				
死(し)ぬ				
する				
座(すわ)る				
立(た)つ				
食(た)べる				
寝(ね)る				
飲(の)む				
話(はな)す				
見(み)る				
読(よ)む				
乗(の)る				

현장감이 넘치는 실전 회화 conversation

전체 - Track 05-04
반복 - Track 05-05

● 성호가 미사의 남동생과 함께 온천에 갑니다.

ソンホ　美沙(みさ)さん、私(わたし)、草津温泉(くさつおんせん)に 行(い)きたいです。

美沙(みさ)　草津温泉(くさつおんせん) いいですよ。

ソンホ　そうですか。でも、男(おとこ)の 友達(ともだち)が いないので(1)…。

美沙(みさ)　じゃあ、私(わたし)の 弟(おとうと)を 紹介(しょうかい)します。

~며칠 후, 온천에서~

美沙(みさ)の弟(おとうと)　姉(あね)から キムさんの 話(はなし)は 聞(き)きました。

じゃ、行(い)きましょう。

~목욕탕에서~

美沙(みさ)の弟(おとうと)　あ~キムさん、掛(か)け湯(ゆ)を しないと いけないですよ。

あ~キムさん、大声(おおごえ)で 話(はな)さない ほうが いいですよ。

あ~キムさん、泳(およ)がないで ください。だめです。

他(ほか)の 人(ひと)に 迷惑(めいわく)です。

ソンホ　すみません。気(き)を つけます。

POINT 포인트

(1) 「～ので」는 「～から」와 함께 원인 · 이유를 나타내는 접속조사로, '~이기 때문에', '~어서'에 해당한다.

단어

温泉(おんせん) 온천 | 男(おとこ) 남자 | 紹介(しょうかい) 소개 | 話(はなし) 이야기 | 掛(か)け湯(ゆ) 입욕 전 몸에 물을 끼얹는 것 | 大声(おおごえ) 큰 목소리 | だめだ 안 된다, 좋지 않다 | 他(ほか)の人(ひと) 다른 사람 | 迷惑(めいわく) 민폐 | 気(き)をつける 조심하다

실력을 키우는 응용 연습

exercise

1. 다음 질문지에 답해 봅시다.

❶ たばこを 吸(す)いますか。	□ はい	□ いいえ
❷ 毎日(まいにち) お酒(さけ)を 飲(の)みますか。	□ はい	□ いいえ
❸ スマートフォンを 歩(ある)きながら 使(つか)いますか。	□ はい	□ いいえ
❹ 一日(いちにち)に 2時間(にじかん) 以上(いじょう) ゲームを しますか。	□ はい	□ いいえ
❺ 先月(せんげつ)、授業(じゅぎょう)に 遅刻(ちこく)しましたか。	□ はい	□ いいえ

2. 위의 질문지 결과를 보고 친구에게 「~ない ほうが いいです」를 사용해서 충고해 봅시다.

– MEMO –

단어

一日(いちにち) 하루 | 以上(いじょう) 이상 | 先月(せんげつ) 지난달 | 遅刻(ちこく) 지각

오늘의 일본 문화

수저

일본의 젓가락

일본의 젓가락을 본 적이 있나요? 일본에서는 대체로 한국처럼 금속제의 젓가락이 아닌 나무젓가락을 사용합니다. 일본은 쌀을 주식으로 하는 나라이기 때문에 젓가락을 사용하여 식사를 하는데, 식사 풍경은 한국과 비슷해 보입니다. 그러나 자세히 보면 여러 가지로 다르답니다.

우선, 일본에서는 한국만큼 숟가락을 많이 사용하지 않습니다. 밥은 젓가락으로 먹고 국물은 그릇을 입에 대고 마십니다. (밥그릇과 국그릇은 손에 들고 먹습니다.) 물론 카레라이스처럼 젓가락으로 먹기 힘든 음식은 숟가락으로 먹습니다. 라면이나 볶음밥 같은 중국 요리를 먹을 때는 바닥이 납작하고 타원형으로 생긴 '렌게'라는 중국에서 유래된 숟가락을 주로 사용합니다.

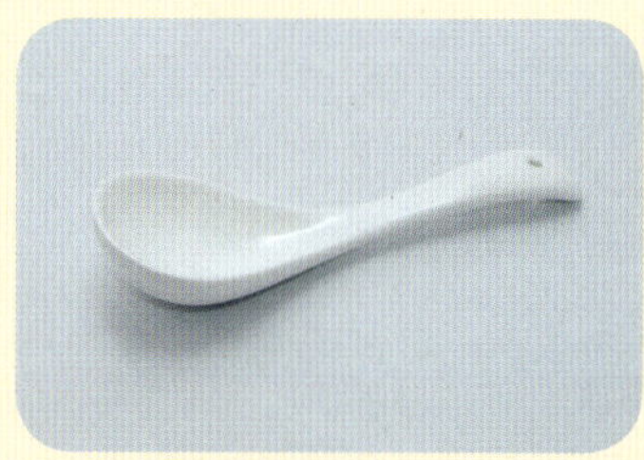

렌게

여럿이서 식사를 할 때, 하나의 그릇에 담긴 음식에 자신의 수저를 직접 넣는 행동은 하지 않습니다. 상당히 친한 사이가 아니라면 대부분 개인 접시에 덜어서 먹습니다. 이때, 음식을 덜기 위한 젓가락은 별도로 준비합니다. 만약 덜어 내기 위한 젓가락이 없다면 자신의 젓가락 반대쪽(손으로 쥐는 부분)으로 젓가락질을 하여 음식을 덜기도 합니다. 번거로워 보이지만 그만큼 자신의 젓가락 끝을 함께 먹는 그릇에 넣는 것은 금기 사항인 것이죠.

일본의 상차림

한국에서는 상차림을 할 때, 젓가락을 세로로 놓아두지만 일본에서는 가로로 놓아둡니다. 일본에서는 젓가락의 끝을 마주앉은 상대를 향해 놓아 두는 것은 예의에 어긋납니다. 젓가락을 한 손으로 잡고 테이블에 꽂아 젓가락을 잡는 것도 너무 무례한 행동이기 때문에 절대 하지 않습니다. 예를 들면, 젓가락을 오른손으로 잡고 왼손으로 젓가락을 아래에서 지탱하며 오른손을 적당한 위치까지 이동시키면, 말쑥하고 우아하게 젓가락을 들 수 있습니다. 이는 젓가락을 가로로 놓기 때문에 가능한 동작입니다. 젓가락을 깨끗하게 다루는 것은 일본에서는 인격 평가로 이어질 정도로 매우 중요한 일입니다.

바르게 젓가락을 쥐는 순서

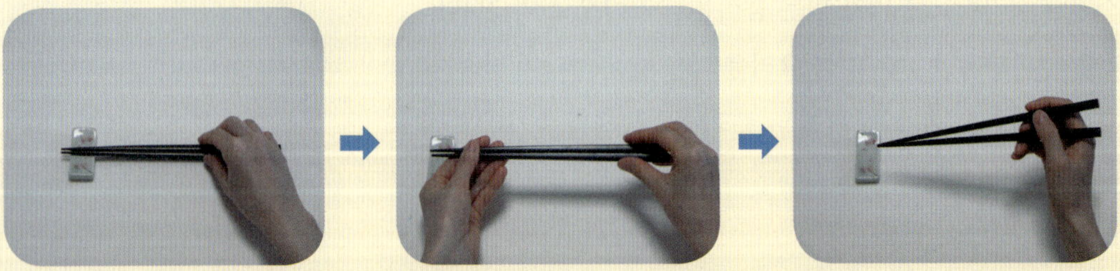

UNIT 06

じゅうでん

充電しても いいですか。

충전해도 됩니까?

학습목표 허가를 구할 수 있다.

성호와 미사가 카페에서 휴대전화 충전에 대해 이야기를 나누고 있습니다. Track 06-01

바로바로 연습하는 **문법 노트** grammar&practice

01 동사 て(で)　　　동사 하고 / 해서

3그룹동사	
来(く)る → 来(き)て する → して	
2그룹동사	
る → て	예 見(み)る → 見(み)て
1그룹동사	
(1) 어미 く → いて	예 書(か)く → 書(か)いて
(2) 어미 ぐ → いで	예 泳(およ)ぐ → 泳(およ)いで
(3) 어미 ぬ, ぶ, む → んで	예 飲(の)む → 飲(の)んで
(4) 어미 う, つ, る → って	예 会(あ)う → 会(あ)って
(5) 어미 す → して	예 話(はな)す → 話(はな)して

＊ 예외「行(い)く」→「行(い)って」

예 電気(でんき)を 消(け)して 部屋(へや)を 出(で)ます。
ご飯(はん)を 食(た)べて 授業(じゅぎょう)を 受(う)けます。
家(いえ)に 帰(かえ)って テレビを 見(み)ます。

단어

電気(でんき) 전등, 전기 | 消(け)す 끄다 | 授業(じゅぎょう)を 受(う)ける 수업을 받다

바로바로 연습 (1)

77페이지 〈동사활용표〉의 동사를 〈보기〉와 같이 바꾸어 써 봅시다.

보기 会(あ)う → 会(あ)って

바로바로 연습 (2)

〈보기〉와 같이 말해 봅시다.

Track 06-02

보기 お風呂(ふろ)に 入(はい)る / 寝(ね)る

お風呂(ふろ)に 入(はい)って 寝(ね)ます。

① 朝(あさ) 早(はや)く 起(お)きる / 運動(うんどう)を する

② ご飯(はん)を 食(た)べる / 学校(がっこう)に 行(い)く

③ 友達(ともだち)に 会(あ)う / 話(はなし)を する

④ 図書館(としょかん)に 行(い)く / 勉強(べんきょう)を する

⑤ アラームを かける / 寝(ね)る

⑥ 歯(は)を 磨(みが)く / 顔(かお)を 洗(あら)う

단어

お風呂(ふろ) 목욕, 목욕탕 | お風呂(ふろ)に 入(はい)る 목욕을 하다 | 話(はなし)を する 이야기를 하다 |
アラームを かける 알람을 맞추다

02 동사 て(で)も いいですか。　동사 해도 됩니까?

상대방에게 허가를 구할 때 사용하는 표현이다.

예 立(た)っても いいですか。

見(み)ても いいですか。

来(き)ても いいですか。

바로바로 연습 (3)

77페이지 〈동사활용표〉의 동사를 〈보기〉와 같이 바꾸어 써 봅시다.

보기 会(あ)う → 会(あ)っても いいですか

바로바로 연습 (4)

〈보기〉와 같이 써 봅시다.

보기 辞書(じしょ)を 見(み)る

辞書(じしょ)を 見(み)ても いいですか。

① 韓国語(かんこくご)で 書(か)く → ____________

② 先(さき)に 行(い)く → ____________

③ この バスに 乗(の)る → ____________

④ ここに 座(すわ)る → ____________

⑤ 釣(つ)りを する → ____________

단어

辞書(じしょ) 사전 | 先(さき)に 먼저 | 釣(つ)り 낚시

03 동사 て(で)は いけません。 동사 해서는 안 됩니다.

어떠한 행위를 금지할 때 사용하는 표현이다.

예 死(し)んでは いけません。

寝(ね)ては いけません。

しては いけません。

* 허가에 대한 질문과 대답

「~ても いいですか」라는 질문에 대하여, 허가할 경우는「はい、~てもいいです」라고 대답하고, 허가하지 않을 경우에는「いいえ、~ては いけません」이라고 대답할 수 있다. 그러나 이런 표현을 사용하면 약간 고압적인 인상을 주게 되므로 실제로는「大丈夫(だいじょうぶ)です」나「~は ちょっと……」 등의 표현도 자주 쓰인다.

바로바로 연습 (5)

77페이지 <동사활용표>의 동사를 <보기>와 같이 바꾸어 써 봅시다.

보기 会(あ)う → 会(あ)っては いけません

동사활용표

동사 기본형	～て(で)	～て(で)も いいですか	～て(で)は いけません
会(あ)う			
遊(あそ)ぶ			
行(い)く			
起(お)きる			
泳(およ)ぐ			
書(か)く			
来(く)る			
死(し)ぬ			
する			
座(すわ)る			
立(た)つ			
食(た)べる			
寝(ね)る			
飲(の)む			
話(はな)す			
見(み)る			
読(よ)む			
乗(の)る			

현장감이 넘치는 **실전 회화** conversation

● 성호와 미사가 카페에서 휴대전화 충전에 대해 이야기를 나누고 있습니다.

전체 - Track 06-03
반복 - Track 06-04

ソンホ　美沙(みさ)さん、ここです。

美沙(みさ)　お待(ま)たせ。え、これは……。

ソンホ　充電(じゅうでん)です。携帯電話(けいたいでんわ)の。

美沙(みさ)　お店(みせ)の 人(ひと)に 聞(き)きましたか。

ソンホ　いいえ。

美沙(みさ)　カフェで 充電(じゅうでん)しては いけません。

ソンホ　はあ……。

美沙(みさ)　韓国(かんこく)では 充電(じゅうでん)しても いいんですか。

ソンホ　はい。充電(じゅうでん)しても いいです。
韓国(かんこく)では カフェの コンセントは みんなが 使(つか)います。
私(わたし)は 携帯電話(けいたいでんわ)も 充電(じゅうでん)して、ノートパソコンも 充電(じゅうでん)します。

美沙(みさ)　日本(にほん)では、それは 電気泥棒(でんきどろぼう)です。

ソンホ　え、……不便(ふべん)ですね。

단어

お待(ま)たせ(「お待(ま)たせしました」의 준말) 오래 기다렸죠? | 充電(じゅうでん) 충전 | 携帯電話(けいたいでんわ) 휴대전화 | お店(みせ)の 人(ひと) 가게 종업원 | 聞(き)く 묻다, 듣다 | カフェ 카페 | コンセント 콘센트 | みんな 모두 | 使(つか)う 사용하다 | ノートパソコン 노트북 | 泥棒(どろぼう) 도둑 | 不便(ふべん)だ 불편하다

그림을 보고, 〈보기〉처럼 묻고 답해 봅시다.

보기 A： 釣(つ)りを しても いいですか。

B： いいえ、釣(つ)りを しては いけません。

오늘의 일본 문화

비비지 않고 먹다

여러분은 비빔밥을 좋아합니까? 비빔밥은 고추장을 넣어 잘 비벼 먹죠. 비빔밥은 일본에서도 유명한 한국 음식의 하나로 인기가 있습니다. 한국 요리 가게에서 먹는 것은 물론 집에서 만들어 먹는 사람도 있고, 도시락 가게나 편의점에서도 비빔밥 도시락을 팔기도 합니다.

그러나 일본의 비빔밥은 본고장 한국과 큰 차이가 있습니다. 그것은 바로 비비지 않고 먹는다는 점입니다. 비비지 않으니까 당연히 고추장의 사용법도 다릅니다. 한국처럼 전체를 비벼 고추장 맛으로 하는 것이 아니라 악센트로 부분적인 맛을 즐기기 때문에 고추장을 얹어 먹습니다.

비비지 않고 먹는다

비벼 먹는다

비빔밥이라는 이름 자체가 '비빈다+밥'이기 때문에 여러분 입장에서 보면 일본의 먹는 방법은 아주 특이하겠지요. 그러나 이 '비비지 않는' 방법은 비빔밥뿐만 아니라 그 외의 다양한 요리에서도 공통적으로 보입니다.

비빔밥을 비비지 않고 먹으면, 어느 부분을 먹느냐에 따라서 식감과 맛을 다양하게 즐길 수 있습니다. 당근, 시금치, 고사리, 콩나물 등의 나물과 밥, 고추장을 어떻게 조합하여 먹는지에 따라 한 입 한 입 다른 식감과 맛을 즐길 수 있는 것이지요. 이는 일본에서 인기가 많은 요리인 카레라이스도 마찬가지입니다. 카레라이스를 숟가락으로 떴을 때 그 숟가락에 카레만 있는 부분, 카레와 밥이 섞인 부분, 밥만 있는 부분이 있습니다. 이것을 입에 넣었을 때 바로 그 세 부분을 순간적으로 각각 혀로 느끼고 즐길 수 있습니다. 이처럼 각각의 맛을 즐기는 것이 일본적인 미각의 특징입니다.

비비지 않고 먹는 또 하나의 큰 이유는, 외형의 문제입니다. 요리를 만든 사람은 그것이 가장 맛있게 보이는 형태로 완성시켰을 것입니다. 그 완성된 형태를 가능한 한 흩트리고 싶지 않기 때문입니다. 맛있게 차려진 나물의 배치를 흩트리고 싶지 않은 것이죠.

UNIT 07

レポートを 書(か)いて います。

리포트를 쓰고 있습니다.

학습목표 지금 하고 있는 동작을 말할 수 있다.

성호가 미사에게 전화를 걸고 있습니다.

Track 07-01

바로바로 연습하는 문법 노트 grammar&practice

01 동사 て(で) います。 　동사 하고 있습니다.

❶ 진행

동작이나 작용이 진행 중인 것을 나타낸다.

예 日本語の 勉強を して います。

レポートを 書いて います。

友達と ご飯を 食べて います。

바로바로 연습 (1)

<보기>와 같이 말해 봅시다. Track 07-02

보기 日本語を 勉強する

A：今 何を して いますか。

B：日本語の 勉強を して います。

① 日本語で メールを 書く　② 部屋の 掃除を する

③ 日本人の 先生と 話す　④ 日本の ドラマを 見る

⑤ 図書館で 新聞を 読む　⑥ 友達と コーヒーを 飲む

단어

レポート 리포트 | メール 메일, 문자

❷ 착용

착용을 나타내는 말은 보통「て いる」 형태로 쓴다. 실제로 진행의 의미를 나타내기도 하지만 사람의 외관을 묘사할 때는 현재의 상태를 나타낸다.

예 帽子(ぼうし)を かぶって います。

赤(あか)い シャツを 着(き)て います。

スカートを はいて います。

착용동사

＊ 액세서리(벨트, 넥타이, 귀고리 등)는 する

＊ 예외

모자 : かぶる

안경 : かける

＊ 액세서리는 물건마다 착용동사가 따로 있지만 모자와 안경 외에는 する로 대체할 수 있다.

예 ベルトを しめる / する。

マフラーを まく / する。

단어

帽子(ぼうし) 모자 | **かぶる** 쓰다(모자) | **シャツ** 셔츠 | **着(き)る** 입다(상의) | **スカート** 치마 | **はく** 입다(하의), 신다 | **ベルト** 벨트 | **しめる** 매다, 조이다 | **マフラー** 목도리, 머플러 | **まく** 감다

바로바로 연습 (2)

85페이지의 그림을 보고 〈보기〉와 같이 써 봅시다.

보기 A：鈴木(すずき)さんは どんな かっこうを して いますか。

B：スーツを 着(き)て います。

ネクタイを して います。

眼鏡(めがね)を かけて います。

① A：佐藤(さとう)さんは どんな かっこうを して いますか。

B：ワンピースを ______________________。

ハイヒールを ______________________。

ヘアバンドを ______________________。

② A：パクさんは どんな かっこうを して いますか。

B：スニーカーを ______________________。

サングラスを ______________________。

帽子(ぼうし)を ______________________。

③ A：イさんは どんな かっこうを して いますか。

B：スカートを ______________________。

ブラウスを ______________________。

腕時計(うでどけい)を ______________________。

단어

かっこう 모습 | **眼鏡(めがね)** 안경 | **ネクタイ** 넥타이 | **スーツ** 양복, 수트 |
ヘアバンド 머리띠 | **ワンピース** 원피스 | **ハイヒール** 하이힐 |
サングラス 선글라스 | **スニーカー** 스니커 | **ブラウス** 블라우스 | **腕時計(うでどけい)** 손목시계

보기 鈴木(すずき)さん

① 佐藤(さとう)さん

② パクさん

③ イさん

❸ 항상「~て(で) います」를 써야 하는 동사 結婚する, 似る

한국어로는 '결혼했습니다', '닮았습니다'이지만 일본어로는「~て(で) います」를 사용하여 나타낸다.

예 姉は 結婚して います。 (○)
姉は 結婚しました。 (×)
私は 父に 似て います。 (○)
私は 父に 似ました。 (×)

02 동사 て(で) ください。 동사 해 주세요.

부탁을 하거나 가볍게 지시하는 표현이다.

예 電話番号を 教えて ください。
スクリーンを 見て ください。
前に 来て ください。

단어

結婚する 결혼하다 | 似る 닮다 | 教える 알려주다, 가르치다 | スクリーン 스크린

바로바로 연습 (3)

<보기>와 같이 말해 봅시다. Track 07-03

보기 前(まえ)に 来(く)る
前(まえ)に 来(き)て ください。

① 日本語(にほんご)で 話(はな)す
② 前(まえ)に 座(すわ)る
③ 漢字(かんじ)で 名前(なまえ)を 書(か)く
④ プリントを 配(くば)る
⑤ ペアで 練習(れんしゅう)する
⑥ 大(おお)きい 声(こえ)で 言(い)う

03 동사 て(で) みます。 동사 해 봅니다.

뭔가를 알기 위해서 시험 삼아 해 보는 것을 나타낸다.

예 納豆(なっとう)を 食(た)べて みます。
一度(いちど) 読(よ)んで みます。
新(あたら)しい ボールペンを 使(つか)って みます。

단어

漢字(かんじ) 한자 | **名前(なまえ)** 이름 | **プリント** 인쇄물, 프린트 | **配(くば)る** 나누어 주다 | **ペア** 페어, 짝 | **練習(れんしゅう)** 연습 | **声(こえ)** 목소리 | **納豆(なっとう)** 낫토(콩으로 만든 일본의 발효 음식) | **一度(いちど)** 한 번 | **ボールペン** 볼펜

현장감이 넘치는 **실전 회화** conversation

● 성호가 미사에게 전화를 걸고 있습니다.

전체 - Track 07-04
반복 - Track 07-05

美沙(みさ)　もしもし。

ソンホ　あ、美沙(みさ)さん、ソンホです。

美沙(みさ)　ソンホ君(くん)、どうしましたか。

ソンホ　美沙(みさ)さん、今(いま) 何(なに)を して いますか。

美沙(みさ)　学校(がっこう)で レポートを 書(か)いて います。 ソンホ君(くん)は？

ソンホ　特(とく)に 何(なに)も して いません。なんとなく 電話(でんわ)して みました。
私(わたし)も 学校(がっこう)に います。

美沙(みさ)　そうですか。そうだ。ソンホ君(くん)、韓国(かんこく)に ついて ちょっと 教(おし)えて ください。
レポートの テーマが 韓国(かんこく)なんです。

ソンホ　そうなんですか。なんでも 聞(き)いて ください。
よかったら、学生会館(がくせいかいかん)で、コーヒーでも 飲(の)みながら 話(はな)しませんか。

美沙(みさ)　はい！ では あとで。

단어

どうしましたか 어쩐 일이에요? | なんとなく 그냥, 막연히 |

そうだ 참!(문득 생각이 떠올랐을 때 쓰는 표현) | ~について ~에 대해서 |

テーマ 테마 | 学生会館(がくせいかいかん) 학생회관 | ではあとで 그럼 이따 봐요

실력을 키우는 응용 연습 exercise

옆 사람과 짝이 되어 「~て みる」를 사용해서 ❶~❹는 A가 질문하고 ❺~❽은 B가 질문해 봅시다. (동사는 아래의 ▭에서 고를 것.)

보기 A：(옷가게에서 점원이) この 服(ふく)、すてきですよ。
B：じゃあ、着(き)て みます。

❶ A：この 歌(うた)、いいですよ。

❷ A：この 映画(えいが)、とても 感動(かんどう)しました。

❸ A：(커피숍에서 점원이) ここは いちごケーキが おいしいです。

❹ A：(일본 여행 일정을 짜고 있는 당신에게 친구가) 東京(とうきょう)は いいところですよ。

❺ B：日本語(にほんご)の 授業(じゅぎょう)、おもしろいですよ。

❻ B：(당신에게 소개팅을 해 주려고 하는 친구가) この 人(ひと)、すごく いい 人(ひと)ですよ。

❼ B：この 本(ほん)、とても おもしろいですよ。

❽ B：この ペン、色(いろ)が とても きれいですよ。

会(あ)う	行(い)く	聞(き)く	食(た)べる	使(つか)う	とる	見(み)る	読(よ)む

단어

感動(かんどう)する 감동하다 | **すごく** 아주, 매우 | **授業(じゅぎょう)を とる** 수업을 듣다 |
おもしろい 재미있다 | **色(いろ)** 색

오늘의 일본 문화

한분

여러분이 일본에 여행을 가려고 할 때, 혹시 같이 갈 사람이 없다고 해도 걱정 말고 혼자 다녀오세요. 일본은 '한 분(혼자인 손님)'에 딱 맞는 나라입니다.

우선 식사에 대해서 볼까요. 한국에서는 예를 들면 "오늘은 불고기를 먹고 싶다"고 하더라도, 만약 함께 고기집에 갈 사람이 없다면 그날은 포기하는 것이 보통일 겁니다. 가게 측은 혼자 오는 손님을 전혀 생각하고 있지 않아서, 요리 주문도 보통 2인분 이상 혹은 3인분 이상 되지 않으면 받지 않습니다. 그러나 일본에서는 1인분도 주문을 받아 줍니다. 혼자 밥 먹는 것이 흔한 일이니까요.

라면 가게, 소고기 덮밥 가게, 카레 가게 등은 혼자 오는 손님이 훨씬 많아서 테이블 자리가 아닌 카운터 자리가 있는 것이 보통입니다. 원래는 여러 명이 먹는 '스키야키'나 '샤브샤브' 등의 냄비 요리도 혼자 먹기 좋은 사이즈로 제공하는 가게나 1인 전용의 고기 굽는 설비를 갖춘 가게도 늘고 있습니다. 술집에도 물론 카운터 자리가 있고 혼자서 술을 마시는 사람도 많습니다. 초밥 집이나 튀김 가게에도 꼭 카운터 자리가 있습니다. 손님에게 요리를 최고의 상태로 빠르게 제공하기 위해, 그리고 손님이 진정으로 음식을 즐기기 위해서는 카운터 자리가 좋습니다.

松屋(마쓰야) 카운터 자리

여러분은 혼자서 영화관에 가기도 하나요? 이것도 일본에서는 흔합니다. 오히려 영화는 꼭 혼자서 보러 간다고 말하는 사람도 있습니다. 그 작품 세계에 집중하고 싶기 때문입니다. 노래방은 어떤가요? 여러분은 혼자 노래방에 가나요? 이것 또한 일본에서는 흔한 일입니다. 혼자 가면 다른 사람을 신경 쓰지 않고 마음껏 노래할 수 있기 때문입니다. 일본에는 '1인 전용 노래방' 전용 가게도 있습니다. 또한 일본에서는 혼자서 디즈니랜드에 놀러 가는 사람도 있습니다. 여럿이 갈 때와는 달리 충분히 꿈의 나라를 즐길 수 있기 때문입니다. 호텔에는 싱글룸이 잘 되어 있고, 궁극의 1인용 시설인 '캡슐 호텔'도 있어서 혼자 여행하기 편한 환경도 잘 갖추어져 있습니다..

2014년 교토의 한 여행사의 기획 상품인 '1인 결혼식'이 언론에서 화제가 되었습니다. 현재 결혼 예정은 없지만 웨딩드레스를 입고 예쁜 사진을 찍고 싶은 여성들을 위한 1박 2일 상품으로, 프로스타일리스트나 포토그래퍼가 그 꿈을 이뤄 주는 것이었습니다. 그 뒤 이러한 기획 상품을 다루는 웨딩 업체들이 늘어나고 있는 것 같습니다.

일본에서는 혼자서 뭐든지 할 수 있습니다. 오히려 혼자 하는 것이 '일본다움'을 경험하는 방법일지도 모르겠군요.

UNIT 08

スカイツリーに 行(い)った ことが あります。

스카이 트리에 간 적이 있습니다.

학습목표 동사 た 형을 이용하여 경험이나 습관을 말할 수 있다.

성호와 미사가 주말에 스카이 트리를 보러 가기로 약속을 하고 있습니다. Track 08-01

바로바로 연습하는 문법 노트 grammar&practice

01 동사 た(だ) 동사 했다

3그룹동사	
来(く)る → 来(き)た する → した	
2그룹동사	
る → た	예 見(み)る → 見(み)た
1그룹동사	
(1) 어미 く → いた	예 書(か)く → 書(か)いた
(2) 어미 ぐ → いだ	예 泳(およ)ぐ → 泳(およ)いだ
(3) 어미 ぬ, ぶ, む → んだ	예 飲(の)む → 飲(の)んだ
(4) 어미 う, つ, る → った	예 会(あ)う → 会(あ)った
(5) 어미 す → した	예 話(はな)す → 話(はな)した

* 동사 た형은 동사 て형과 활용이 같다. 「て」→「た」로 「で」→「だ」로 바꾼다. 주의점은 동사 て형에서 「行く」가 예외였던 것처럼 동사 た형에서도 예외로 「行った」가 된다는 것이다.

예 昨日(きのう)は お酒(さけ)を 飲(の)んだ。

日本人(にほんじん)と 日本語(にほんご)で 話(はな)した。

図書館(としょかん)で 勉強(べんきょう)した。

바로바로 연습 (1)

101페이지 <동사활용표>의 동사를 <보기>와 같이 바꾸어 써 봅시다.

보기 聞(き)く → 聞(き)いた

02 동사 た(だ) ことが あります。 동사 한 적이 있습니다.

예 日本(にほん)に 行(い)った ことが あります。

遅刻(ちこく)を した ことが あります。

カレーライスを 3人前(さんにんまえ) 食(た)べた ことが あります。

*「동사 た형 + ことが あります」에 「か」를 붙이면 「동사 た형 + ことが あります か」가 되어 '~한 적이 있습니까?'라는 뜻이 된다.

바로바로 연습 (2)

101페이지 〈동사활용표〉의 동사를 〈보기〉와 같이 바꾸어 써 봅시다.

보기 聞(き)く → 聞(き)いたことが あります

단어

カレーライス 카레 라이스 | 3人前(さんにんまえ) 3인분

03 동사 た(だ)り、동사 た(だ)り します。

동사 하거나 동사 하거나 합니다.

예 週末は、テレビを 見たり、勉強したり します。

友達と 話したり、ゲームを したり します。

カフェで コーヒーを 飲んだり、ケーキを 食べたり します。

바로바로 연습 (3)

101페이지 〈동사활용표〉의 동사를 〈보기〉와 같이 바꾸어 써 봅시다.

보기 聞く → 聞いたり

바로바로 연습 (4)

<보기>와 같이 말해 봅시다. Track 08-02

보기 お酒(さけ)を 飲(の)む / カラオケに 行(い)く

A：週末(しゅうまつ)、何(なに)を しますか。

B：お酒(さけ)を 飲(の)んだり、

カラオケに 行(い)ったり します。

① 音楽(おんがく)を 聞(き)く / テレビを 見(み)る

② 本(ほん)を 読(よ)む / 掃除(そうじ)を する

③ ごろごろする / 雑誌(ざっし)を 読(よ)む

④ プールに 行(い)く / 花火(はなび)を する

⑤ ネットカフェに 行(い)く / 友達(ともだち)に 会(あ)う

⑥ 温泉(おんせん)に 行(い)く / スキーを する

단어

カラオケ 노래방 | **ごろごろする** 빈둥거리다, 뒹굴다 | **雑誌(ざっし)** 잡지 | **ネットカフェ** 인터넷 카페, PC방 | **スキー** 스키

동사활용표

동사 기본형	～た(だ)	～た(だ) ことが あります	～た(だ)り
会(あ)う			
遊(あそ)ぶ			
行(い)く			
起(お)きる			
泳(およ)ぐ			
書(か)く			
来(く)る			
死(し)ぬ			
する			
座(すわ)る			
立(た)つ			
食(た)べる			
寝(ね)る			
飲(の)む			
話(はな)す			
見(み)る			
読(よ)む			
乗(の)る			

현장감이 넘치는 실전 회화 conversation

전체 - Track 08-03
반복 - Track 08-04

● 성호와 미사가 주말에 스카이 트리를 보러 가기로 약속을 하고 있습니다.

美沙(みさ)　ソンホ君(くん)、スカイツリーに 行(い)った ことが ありますか。

ソンホ　スカイツリー？ あ！ 聞(き)いた ことが あります。

美沙(みさ)　東京(とうきょう)の 全体(ぜんたい)が 見(み)えますよ。

ソンホ　へえ。行(い)って みたいです。

美沙(みさ)　私(わたし)も、実(じつ)は まだなんです。

ソンホ　そうですか。じゃ、今週(こんしゅう) 一緒(いっしょ)に どうですか。

美沙(みさ)　いいですね。じゃ、はとバスは どうですか。
はとバスは、スカイツリーに 行(い)ったり、
浅草(あさくさ)に 行(い)ったりも しますよ。

ソンホ　そうしましょう、そうしましょう。楽(たの)しみです。

美沙(みさ)　あと、レインボーブリッジも いいですよ。

ソンホ　はい。美沙(みさ)さんに、おまかせします。

단어

全体(ぜんたい) 전체 | 実(じつ)は 사실은 | まだ 아직 | 今週(こんしゅう) 이번 주 | 浅草(あさくさ) 아사쿠사(지명) | 楽(たの)しみ 기대됨 | あと 그리고 | レインボーブリッジ 레인보 브리지(다리 명칭) | おまかせする 맡기다

실력을 키우는 응용 연습

exercise

자기 자신이 자랑할 수 있는 것을 「~た ことが あります」를 사용하여 적어 보고 서로 자랑해 봅시다.

보기 A：私(わたし)、富士山(ふじさん)に 登(のぼ)った ことが あります。

B：えー、そうなんですか。すごいですね。

A：Bさんの 自慢(じまん)は 何(なん)ですか。

B：私(わたし)は、24時間(にじゅうよじかん) 寝(ね)た ことが あります。すごいでしょう？

A：え？ すごいです！

– MEMO –

단어

富士山(ふじさん) 후지산 | 登(のぼ)る 오르다 | 自慢(じまん) 자랑

오늘의 일본 문화

일본의 주거

여러분은 미래에 꿈꾸고 있는 가정이 있나요? 예를 들어 맞선이 아니라 연애해서 결혼하고 싶다, 차는 큰 것과 작은 것 두 대 정도 있으면 좋겠다, 아이는 최소 둘이면 좋겠다, 아니면 하나만 낳아 사랑 듬뿍 주며 키워야겠다, 하는 것들이요. 이런 가정에 대한 이상 안에 빼놓을 수 없는 것은 집이겠죠? 여기에서는 일본의 주거 사정에 대해서 이야기해 보도록 합시다.

일본은 한국처럼 전세의 형태가 없으며 임대는 모두 월세입니다. 임대 아파트나 맨션에 사는 사람은 매월 정해진 집세를 집주인에게 냅니다. 여기에서 한국과 일본의 표현 차이를 짚어 봅시다. 일본에서 '아파트'라고 하면 일반적으로 2층 정도의 목조 건물을 가리킵니다. 하지만 요즘은 철근 콘크리트로 지은 4층 정도의 건물도 '아파트'라고 부르는 것이 많습니다. 한국에서 말하는 '아파트' 에 해당하는 건물을 일본에서는 '맨션'이라고 부릅니다.

일본인이 꿈꾸는 집은 대도시가 아닌 이상, 맨션이 아닌 단독 주택인 경우가 많습니다. 아무리 좁아도 내 집을 원하고, 아무리 작더라도 정원을 만들고 싶어 합니다. 이같이 토지에 집착하는 일본인의 특징에 대해서는 다양한 견해가 있는데, 그 중의 하나가, 집 자체가 아닌 땅이 곧 재산이라는 생각을 뿌리 깊이 갖고 있기 때문이 아닐까 합니다.

어느 나라든 주거 형태는 그곳의 기후와 밀접한 관련이 있습니다. 일본의 기후는 비가 잦고 습도가 높은 것이 특징입니다. 또 태풍 피해도 비교적 크고 빈도도 높답니다. 기후와 관련된 일본 집의 특징에 대해서 살펴봅시다.

우선, 습도가 높아 통풍이 잘 되어야 합니다. 그래서 조건이 허락하는 한 방에 창이2개 이상인 집을 선호합니다. 또 철근보다 통기성이 좋은 목조 건물이 많답니다. 그리고 태풍에 대비해서 덧문을 갖추는 것이 일반적입니다.

한국과 일본의 아파트가 크게 다른 점이라면, 한국은 발코니가 실내에 있지만, 일본은 단독 주택, 아파트 모두 야외에 있습니다. 난간에 이불을 말리고 빨래를 햇볕에 말리는 것을 좋아하는 일본인에 딱 맞는 구조이겠죠.

맨션

아파트

주택가

UNIT 09

一緒に 草津温泉に 行く 予定です。

갈이 구사쓰 온천에 갈 예정입니다.

학습목표 예정을 말할 수 있다.

성호와 미사가 다음주 일정에 대해 이야기하고 있습니다. Track 09-01

01 동사 予定(よてい)です。 동사 할 예정입니다.

예 明日(あした)、早(はや)く 起(お)きる 予定(よてい)です。

来週(らいしゅう)、大阪(おおさか)に 行(い)く 予定(よてい)です。

来月(らいげつ)、引越(ひっこ)しを する 予定(よてい)です。

바로바로 연습 (1)

Track 09-02

아래 단어를 알맞게 맞춰서 <보기>와 같이 말해 봅시다.

보기 友達(ともだち)と / 遊(あそ)ぶ

明日(あした)、友達(ともだち)と 遊(あそ)ぶ 予定(よてい)です。

① 映画(えいが)を　　② 祖父(そふ)に

③ パソコンを　　④ レポートを

⑤ 掃除(そうじ)を

買(か)う　する　会(あ)う　書(か)く　見(み)る

단어

明日(あした) 내일 | 大阪(おおさか) 오사카(지명) | 引越(ひっこ)し 이사

02 동사 かも しれません。 동사 일지도 모릅니다.

예 午後(ごご)、雨(あめ)が 降(ふ)るかも しれません。

台風(たいふう)が 来(く)るかも しれません。

彼(かれ)は 遅(おく)れるかも しれません。

단어

雨(あめ) 비 | 降(ふ)る 오다(비, 눈) | 台風(たいふう) 태풍 | 彼(かれ) 그, 그이

바로바로 연습 (2)

다음의 문장에 어울리는 동사를 아래에서 찾아 <보기>와 같이 써 봅시다.

보기 遅(おく)れる

渋滞(じゅうたい)です。<u>遅(おく)れるかも しれません</u>。

① 徹夜(てつや)しました。______________________。

② あの チームは 強(つよ)いです。______________________。

③ 今日(きょう)は とても 寒(さむ)いです。______________________。

④ 彼(かれ)と 彼女(かのじょ)は とても 仲(なか)が いいです。______________________。

⑤ 骨折(こっせつ)しました。______________________。

入院(にゅういん)する　雪(ゆき)が 降(ふ)る　優勝(ゆうしょう)する　結婚(けっこん)する

授業中(じゅぎょうちゅう)に 寝(ね)る

단어

入院(にゅういん) 입원 | 雪(ゆき) 눈 | 優勝(ゆうしょう) 우승 | 渋滞(じゅうたい) 교통체증 | 徹夜(てつや) 철야, 밤을 새움 |
チーム 팀 | 強(つよ)い 강하다 | 仲(なか) 사이, 관계 | 骨折(こっせつ) 골절

03

동사 とき、……。　　동사 할 때, …….

동사 た(だ) とき、……。　　동사 했을 때, …….

예 祖母(そぼ)は 本(ほん)を 読(よ)む とき、眼鏡(めがね)を かけます。

寝(ね)る とき、「おやすみなさい」と 言(い)います。

家(いえ)を 出(で)た とき、雨(あめ)は 降(ふ)って いませんでした。

*「～と 言(い)います」는 '～라고 합니다'에 해당한다.

현장감이 넘치는 실전 회화

conversation

전체 - Track 09-03
반복 - Track 09-04

● 성호와 미사가 다음주 일정에 대해 이야기하고 있습니다.

ソンホ　来週(らいしゅう)、兄(あに)が 日本(にほん)に 遊(あそ)びに 来(き)ます。

美沙(みさ)　わあ、いいですね。何日間(なんにちかん)ですか。

ソンホ　１週間(いっしゅうかん)です。一緒(いっしょ)に 草津温泉(くさつおんせん)に 行(い)く 予定(よてい)です。

美沙(みさ)　お兄(にい)さん、喜(よろこ)びますね。二人(ふたり)だけで 大丈夫(だいじょうぶ)ですか。

ソンホ　困(こま)った ときは、美沙(みさ)さんに 電話(でんわ)を かけるかも しれません。

美沙(みさ)　いつでも どうぞ。

……そういえば ソンホ君(くん)、温泉(おんせん)で 泳(およ)いでは いけませんよ。

ソンホ　あっ。……弟(おとうと)さんに 聞(き)きましたか。

……恥(は)ずかしいです。

단어

~間(かん) ~간, ~동안 | 喜(よろこ)ぶ 기뻐하다 | 二人(ふたり) 두 사람 | 困(こま)る 곤란하다 |

いつでも どうぞ 언제든지 괜찮아요 | そういえば 그러고 보니

실력을 키우는 응용 연습

exercise

그림을 보고 ⬭의 표현을 사용하여 〈보기〉와 같이 말해 봅시다.

보기 食(た)べるとき、「いただきます」と言(い)います。

❶

❷

❸

❹

電話(でんわ)で 話(はな)す	出掛(でか)ける	帰(かえ)って きた	朝(あさ)、挨拶(あいさつ)する

단어

出掛(でか)ける 외출하다, 나가다 | 帰(かえ)ってくる 돌아오다 | 挨拶(あいさつ)する 인사하다

오늘의 일본 문화

집을 방문할 때의 매너

일본인 친구의 집에 초대를 받는다면? 집 방문 시에는 지켜야 할 다양한 매너가 있습니다.

방문 시간은 상대의 사정에 맞춥니다. 시간이 확실하지 않을 때는 식사 시간을 피해 10시부터 11시, 14시부터 16시 사이에 방문합니다. 일반적인 약속일 경우에는 약속 시간 5분 전에 도착하는 것이 예의지만, 집을 방문할 경우에는 상대방도 손님 맞을 준비로 바쁠테니 5분 정도 늦게 가는 것이 좋겠죠. 일찍 도착했다고 약속 시간보다 일찍 벨을 누르는 것은 매너가 아닙니다.

일본에서는 벗은 신발의 앞코가 밖을 향하도록 두는 것이 예의입니다. 신발을 벗고 현관에 올라간 뒤, 집주인에게 엉덩이가 보이지 않도록 몸을 옆으로 돌려 신발의 앞코가 밖으로 향하도록 놓습니다. 또한 맨발로 남의 집에 들어가는 것은 절대 금지입니다. 다도의 도구를 다다미 위에 직접 두고 차를 마셔 온 일본은 다다미를 청결하게 유지하는 습관이 생겼습니다. 현대 일본의 주거에서는 마루가 늘어나 테이블 위에서 식사하는 일이 많아졌지만, 남의 집을 더럽히지 않다는 마음은 변하지 않았습니다. 맨발일 때는 슈퍼마켓이나 편의점에서 스타킹이나 양말을 구입하여 신고 방문하도록 합시다.

아무리 '빈손으로 오세요', '신경 쓰지 마세요'라고 말했다고 해도 간단한 선물을 가져가는 것이 예의입니다. 상대의 취향을 알면 좋겠지만, 모를 때에는 상자에 든 과자나 과일바구니가 무난합니다. 이때 가게 봉투보다 보자기에 싸서 가져가는 것이 품위 있어 보입니다. 선물을 건넬 때에는 봉지나 보자기에서 꺼내 줍니다.

식사 약속을 하지 않았을 때는 식사 시간이 되기 전에 일어나도록 합시다. 일본에서는 미리 약속을 하지 않은 이상, 집에서 함께 식사를 하는 일은 거의 없습니다.

이상의 매너는 예의를 갖추어 남의 집을 방문할 때 최소한 알아야 할 사항입니다. 친한 친구가 자취하고 있는 곳에 놀러 가는 경우에는 그렇게 신경을 쓰지 않아도 괜찮습니다. 다만, 일본 속담에 '친한 사이에도 예의가 있다'라고 하듯이 친구들끼리도 몇 가지 주의해야 할 것이 있습니다. 일본인은 아무리 사이가 좋다고 해도 '근처에 왔으니까' 라는 이유로 친구의 집 벨을 누르는 일은 거의 없습니다. 이것은 연인 사이에서나 가능합니다. 방문 전에는 반드시 약속을 잡도록 합시다. 집에 들어간 후에는 물건을 멋대로 만지지 말고, 냉장고와 선반도 마음대로 열지 않으며, 화장실 세면대를 사용할 때도 허가를 구하고 사용합시다.

UNIT 10

来週(らいしゅう)の 金曜日(きんようび)です。

다음 주 금요일입니다.

학습목표 날짜나 요일을 묻고 답할 수 있다.

성호와 미사가 공휴일에 대해 이야기하고 있습니다.

Track 10-01

01 何月何日(なんがつなんにち) 몇 월 며칠

❶ 何月(なんがつ)

1월	2월	3월	4월
いちがつ	にがつ	さんがつ	**しがつ**
5월	6월	7월	8월
ごがつ	ろくがつ	**しちがつ**	はちがつ
9월	10월	11월	12월
くがつ	じゅうがつ	じゅういちがつ	じゅうにがつ

❷ 何日(なんにち)

1일	2일	3일	4일	5일	6일	7일
ついたち	**ふつか**	**みっか**	**よっか**	**いつか**	**むいか**	**なのか**
8일	9일	10일	11일	12일	13일	14일
ようか	**ここのか**	**とおか**	じゅう いちにち	じゅう ににち	じゅう さんにち	**じゅう よっか**
15일	16일	17일	18일	19일	20일	21일
じゅう ごにち	じゅう ろくにち	じゅう しちにち	じゅう はちにち	**じゅう くにち**	**はつか**	にじゅう いちにち
22일	23일	24일	25일	26일	27일	28일
にじゅう ににち	にじゅう さんにち	**にじゅう よっか**	にじゅう ごにち	にじゅう ろくにち	にじゅう しちにち	にじゅう はちにち
29일	30일	31일				
にじゅう くにち	さんじゅう にち	さんじゅう いちにち				

02 いつですか。 언제입니까?

예 誕生日(たんじょうび)は いつですか。

クリスマスは いつですか。

期末(きまつ)テストは いつですか。

바로바로 연습 (1)

<보기>와 같이 말해 봅시다. Track 10-02

보기 誕生日(たんじょうび) / 1月6日

A：誕生日(たんじょうび)は いつですか。

B：いちがつむいかです。

① 節分(せつぶん) / 2月3日

② ひな祭(まつ)り / 3月3日

③ こどもの日(ひ) / 5月5日

④ 勤労感謝(きんろうかんしゃ)の日(ひ) / 11月23日

⑤ クリスマスイブ / 12月24日

⑥ 大晦日(おおみそか) / 12月31日

단어

クリスマス 크리스마스 | 期末(きまつ)テスト 기말테스트, 기말고사 |
節分(せつぶん) 절분(일본에서는 주로 입춘 전날을 가리킴) |
ひな祭(まつ)り 여자아이의 날(매년 3월 3일) | こどもの日(ひ) 어린이날(매년 5월 5일) |
勤労感謝(きんろうかんしゃ)の日(ひ) 근로감사의 날(매년 11월 23일) | クリスマスイブ 크리스마스이브 |
大晦日(おおみそか) 섣달그믐

03 何曜日(なんようび) 무슨 요일

월요일	화요일	수요일	목요일
月曜日(げつようび)	火曜日(かようび)	水曜日(すいようび)	木曜日(もくようび)
금요일	**토요일**	**일요일**	**무슨 요일**
金曜日(きんようび)	土曜日(どようび)	日曜日(にちようび)	何曜日(なんようび)

바로바로 연습 (2)

<보기>와 같이 말해 봅시다. Track 10-03

보기 A：何月何日(なんがつなんにち) 何曜日(なんようび)ですか。

B：ろくがつついたち きんようびです。

①

②

③

④

⑤

⑥

04 때를 나타내는 말

어제	오늘	내일
昨日(きのう)	今日(きょう)	明日(あした)
지난주	이번 주	다음주
先週(せんしゅう)	今週(こんしゅう)	来週(らいしゅう)
지난달	이번 달	다음달
先月(せんげつ)	今月(こんげつ)	来月(らいげつ)
작년	올해	내년
去年(きょねん)	今年(ことし)	来年(らいねん)

05 명사 でした。　　명사 였습니다.

명사의 과거형을 나타낼 때에는 「です」를 「でした」로 바꾸면 된다.

예 昨日(きのう)は 日曜日(にちようび)でした。
先週(せんしゅう)は 期末(きまつ)テストでした。
授業(じゅぎょう)は 3時(さんじ)まででした。

현장감이 넘치는 **실전 회화** conversation

● 성호와 미사가 공휴일에 대해 이야기하고 있습니다.

전체 - Track 10-04
반복 - Track 10-05

ソンホ　もう　すぐ　クリスマスですね。

美沙(みさ)　あ、そうですね。12月25日(じゅうにがつにじゅうごにち)は、来週(らいしゅう)の…。

ソンホ　来週(らいしゅう)の　金曜日(きんようび)です。美沙(みさ)さんは　何(なに)を　しますか。

美沙(みさ)　私(わたし)、金曜日(きんようび)は　授業(じゅぎょう)が　たくさん　あります。
それで、一日(いちにち)　ずっと　学校(がっこう)に　いないと　いけません。

ソンホ　え？　授業(じゅぎょう)？　クリスマスは　休(やす)みじゃないんですか。

美沙(みさ)　休(やす)みじゃないですよ。平日(へいじつ)です。

ソンホ　韓国(かんこく)は　祝日(しゅくじつ)で、今年(ことし)は　3連休(さんれんきゅう)です。

美沙(みさ)　そうですか。いいですね。

단어

ずっと 쭉, 계속 | 平日(へいじつ) 평일 | 祝日(しゅくじつ) 경축일, 공휴일 | 3連休(さんれんきゅう) 3일 연휴

실력을 키우는 **응용 연습**

exercise

달력을 보면서 친구와 질문하고 대답해 봅시다.

보기 A：今日(きょう)は 何日(なんにち)ですか。

B：じゅうはちにちです。

日曜日(にちようび)	月曜日(げつようび)	火曜日(かようび)	水曜日(すいようび)	木曜日(もくようび)	金曜日(きんようび)	土曜日(どようび)
1	2	3	4	5	6	7
8	9	10	11	12	13	14
15	16	17	18 今日(きょう)	19	20	21
22	23	24	25	26	27	28
29	30	31				

❶ A：昨日(きのう)は 何日(なんにち)でしたか。

B：＿＿＿＿＿＿＿＿＿＿＿＿＿＿＿＿＿＿。

❷ A：来週(らいしゅう)の 木曜日(もくようび)は 何日(なんにち)ですか。

B：＿＿＿＿＿＿＿＿＿＿＿＿＿＿＿＿＿＿。

❸ A：じゅうよっかは 何曜日(なんようび)でしたか。

B：＿＿＿＿＿＿＿＿＿＿＿＿＿＿＿＿＿＿。

(역할을 바꿔서)

❹ A：先週(せんしゅう)の 月曜日(げつようび)は 何日(なんにち)でしたか。

B：＿＿＿＿＿＿＿＿＿＿＿＿＿＿＿＿＿＿。

❺ A：ようかは 何曜日(なんようび)でしたか。

B：＿＿＿＿＿＿＿＿＿＿＿＿＿＿＿＿＿＿。

❻ A：はつかは 何曜日(なんようび)ですか。

B：＿＿＿＿＿＿＿＿＿＿＿＿＿＿＿＿＿＿。

오늘의 일본 문화

일본의 국경일

일본의 국경일은 16일 있습니다.

元日(설날)	1월 1일	일 년의 시작을 축하함
成人の日(성년의 날)	1월의 2번째 월요일	어른이 된 것을 축하 격려함
建国記念の日(건국기념일)	2월 11일	건국을 기념하고 나라를 사랑하는 마음을 기름
春分の日(춘분)	4월 21일경	자연을 기리고 생물을 소중히 여김
昭和の日(쇼와의 날)	4월 29일	격동의 날들이 지나고, 부흥을 이룬 쇼와의 시대를 돌아보며 나라의 장래를 생각함
憲法記念日(헌법기념일)	5월 3일	일본국 헌법의 시행을 기념해 나라의 성장을 기원함
みどりの日(녹색의 날)	5월 4일	자연과 친해짐과 동시에 그 혜택에 감사하는 마음을 기름
こどもの日(어린이 날)	5월 5일	어린이의 인격을 존중하고 어린이의 행복을 도모함
海の日(바다의 날)	7월의 3번째 월요일	바다의 혜택에 감사하며, 해양국인 일본의 번영을 기원함
山の日(산의 날)	8월 11일	산을 가까이하며 산의 은혜에 감사함
敬老の日(경로의 날)	9월의 3번째 월요일	오랜 시간에 걸쳐 사회에 헌신해 온 노인을 경애하고 장수를 축하함
秋分の日(추분)	9월 23일경	조상을 존경하며 죽은 사람들을 그리워함
体育の日(체육의 날)	10월의 2번째 월요일	스포츠와 친해지며 건강한 심신을 배양함
文化の日(문화의 날)	11월 3일	자유와 평화를 사랑하고 문화 진흥을 지향함
勤労感謝の日(근로감사의 날)	11월 23일	근로자의 노고에 감사하며 생산을 축하함
天皇誕生日(천황탄생일)	12월 23일	천황 생일을 축하함

국경일에는 '대체 휴일'이 적용되는데, 대체 휴일이란 국경일이 일요일인 경우 그날 이후의 가장 가까운 평일을 휴일로 하는 것입니다. 예를 들면, 2015년 5월 3일은 헌법기념일로 공휴일이지만 일요일이라면 5월 4일 5월 5일은 국경일(각각 녹색의 날, 어린이 날)이기 때문에 5월 6일이 가장 가까운 평일이 되어 5월 6일도 휴일이 됩니다.

그래서 쇼와의 날(4월 29일)부터 어린이날(5월 5일)까지 토요일과 일요일을 포함한 연휴가 계속되면서 이 연휴를 '골든 위크(황금연휴)'라고 부릅니다. 또한 전날과 다음날이 국경일일 경우 그 사이에 낀 평일도 휴일이 됩니다. 이처럼 일본은 공휴일이 많습니다

일본에서는 이러한 국경일 이외에도 아버지의 날이나 어머니의 날 등 여러 기념일이 많답니다.

문법노트 예문 해석

실전회화 해석

바로바로 연습 정답

가족 호칭(가계도)

문법노트 예문 해석

UNIT 01

01 A : 몇 시입니까?
B : 1시입니다. / 4시입니다. / 9시입니다.

02 A : 몇 분입니까?
B : 12분입니다. / 30분입니다. / 1분입니다.

03 A : 레스토랑은 몇 시부터 몇 시까지입니까?
B : 오전 9시부터 오후 7시까지입니다.

04 1시간
3시간 반
1시간 20분

UNIT 02

04 만나지 않습니다.
먹지 않습니다.
하지 않습니다.
오지 않습니다.
돌아가지 않습니다.(돌아오지 않습니다.)

05 만났습니다.
먹었습니다.
했습니다.
왔습니다.
돌아갔습니다.(돌아왔습니다.)

06 만나지 않았습니다.
먹지 않았습니다.
하지 않았습니다.
오지 않았습니다.
돌아가지 않았습니다.(돌아오지 않았습니다.)

UNIT 03

01 영화를 보고 싶어요.
여행을 하고 싶어요.
친구를 만나고 싶어요.

콜라를 마십니다.
→ 콜라를 마시고 싶어요.
만화를 읽습니다.
→ 만화를 읽고 싶어요.

02 친구를 만나러 갑니다.
영화를 보러 갑니다.
테니스를 치러 갑니다.

산책을 하러 갑니다.
→ 산책하러 갑니다.
공부를 하러 갑니다.
→ 공부하러 갑니다.
운동을 하러 갑니다.
→ 운동하러 갑니다.

03 차를 마시면서 이야기합니다.
텔레비전을 보면서 밥을 먹습니다.
청소를 하면서 친구를 기다립니다.

UNIT 04

01 자기 전에 책을 읽습니다.
밥을 먹기 전에 손을 씻습니다.
수영하기 전에 준비운동을 합니다.

02 제 취미는 음악을 듣는 것입니다.
제 꿈은 의사가 되는 것입니다.
목표는 100점을 받는 것입니다.

03 한국 요리를 만들 수 있습니다.
피아노를 칠 수 있습니다.
이 전화로 국제전화를 걸 수 있습니다.
이 카드로 지불할 수 있습니까?

저는 그림을 그리는 것을 좋아합니다.
일본 요리를 만드는 것을 좋아합니다.

UNIT 05

01 만나다 → 만나지 않다
있다 → 없다

오늘은 학교에 가지 않습니다.
콜라는 마시지 않습니다.

02 커닝하지 마세요.
친구와 이야기하지 마세요.
제 케이크를 먹지 마세요.

03 학교에 가지 않으면 안 됩니다.
숙제를 하지 않으면 안 됩니다.
내일은 시험입니다. 빨리 자지 않으면 안 됩니다.

04 게임을 하지 않는 편이 좋습니다.
담배를 피우지 않는 편이 좋습니다.
텔레비전을 보지 않는 편이 좋습니다.

UNIT 06

01 전등을 끄고 방을 나갑니다.
밥을 먹고 수업을 받습니다.
집에 돌아와서 텔레비전을 봅니다.

02 일어서도 됩니까?
봐도 됩니까?
와도 됩니까?

03 죽어서는 안 됩니다.
자서는 안 됩니다.
해서는 안 됩니다.

UNIT 07

01 일본어 공부를 하고 있습니다.
리포트를 쓰고 있습니다.
친구와 밥을 먹고 있습니다.

모자를 쓰고 있습니다.
빨간 셔츠를 입고 있습니다.
스커트를 입고 있습니다.

벨트를 매다/하다.
목도리를 감다/하다.

언니(누나)는 결혼했습니다.
저는 아버지를 닮았습니다.

02 전화번호를 알려 주세요.
스크린을 봐 주세요.
앞으로 와 주세요.

03 낫토를 먹어 봅니다.
한번 읽어 봅니다.
새로운 볼펜을 사용해 봅니다.

문법노트 예문 해석

UNIT 08

01 어제는 술을 마셨다.
일본인과 일본어로 이야기했다.
도서관에서 공부했다.

02 일본에 간 적이 있습니다.
지각을 한 적이 있습니다.
카레라이스를 3인분 먹은 적이 있습니다.

03 주말에는 텔레비전을 보거나 공부하거나 합니다.
친구와 이야기하거나 게임을 하거나 합니다.
카페에서 커피를 마시거나 케이크를 먹거나 합니다.

UNIT 09

01 내일 일찍 일어날 예정입니다.
다음 주 오사카에 갈 예정입니다.
다음 달 이사를 할 예정입니다.

02 오후에 비가 올지도 모릅니다.
태풍이 올지도 모릅니다.
그는 늦을지도 모릅니다.

03 할머니는 책을 읽을 때, 안경을 씁니다.
잘 때, '안녕히 주무세요.'라고 말합니다.
집을 나섰을 때, 비는 오고 있지 않았습니다.

UNIT 10

02 생일은 언제입니까?
크리스마스는 언제입니까?
기말 테스트는 언제입니까?

03 어제는 일요일이었습니다.
지난주는 기말 테스트였습니다.
수업은 3시까지였습니다.

실전회화 해석

UNIT 01

● 성호와 미사가 도서관에 대해 이야기를 나누고 있습니다.

성호　미사 씨, 도서관은 몇 시까지입니까?

미사　밤 7시 반까지입니다.

성호　어? 빠르다!!
　　　우리 대학교는 밤 12시까지입니다.

미사　네? 그 시간까지?

성호　24시간인 대학도 있어요.

미사　대단해요! 한국 학생은 공부를 좋아하는군요.

성호　저는 좋아하지 않습니다.

미사　아, 그렇습니까….

UNIT 02

● 약속에 늦은 성호가 미사에게 전화를 걸어 이야기를 하고 있습니다.

성호　여보세요, 죄송해요. 조금 늦습니다.

미사　네, 성호 군 지금 어디입니까?

성호　지금 버스를 탔습니다.

미사　성호 군, 버스 안에서 전화는 안 돼요.

성호　어? 알겠습니다. 나중에 전화하겠습니다.

미사　네.

~ 버스 하차 후, 만나서 ~

성호　미안합니다. 늦잠 잤어요.

미사　그렇군요. 어제 잘 잤습니까?

성호　아니요…. 죄송합니다. 오늘은 제가 한턱낼 테니까요.

실전회화 해석

UNIT 03

● 성호와 미사가 주말 계획에 대해서 이야기를 나누고 있습니다.

성호 미사 씨, 주말에 뭔가 예정 있습니까?

미사 주말은……. 딱히 없습니다. 성호 군은요?

성호 저도 딱히……. 어딘가 같이 가지 않겠습니까?

미사 아, 바다에 맛있는 생선을 먹으러 가고 싶어요.

성호 좋네요! 저도 가고 싶습니다. 같이 갑시다.
제가 차를 운전할게요.

미사 와아, 기뻐요! 자면서 가겠습니다!

성호 ……. 이야기를 하면서 갑시다.

UNIT 04

● 성호와 미사가 취미에 대해서 이야기하고 있습니다.

미사 성호 군, 그것은 무엇입니까?

성호 휴대전화 게임이에요. 제 취미는 게임을 하는 것입니다.

미사 아~.

성호 미사 씨의 취미는 무엇입니까?

미사 저는 외국어를 공부하는 것이에요.

성호 아~. 어떤 외국어를 할 수 있습니까?

미사 음, 영어랑 스페인어를 할 수 있습니다.
그리고 중국어도 조금.

성호 와아, 대단하네요!

미사 한국어도 공부하고 싶어요.

성호 그럼, 같이 공부합시다.
…근데 저 배가 무지무지 고픕니다.
공부하기 전에 밥을 먹으러 가지 않겠습니까?

미사 좋아요.

UNIT 05

● 성호가 미사의 남동생과 함께 온천에 갑니다.

성호　미사 씨, 저 구사쓰 온천에 가고 싶습니다.

미사　구사쓰 온천, 좋아요.

성호　그렇군요. 하지만 남자 친구가 없어서….

미사　그럼, 제 남동생을 소개할게요.

~ 며칠 후, 온천에서 ~

미사의 남동생　누나한테 김 씨의 이야기는 들었습니다.
그럼 갑시다.

~ 목욕탕에서 ~

미사의 남동생　아~ 김 씨, 몸에 물을 끼얹지 않으면 안 돼요.
아~ 김 씨, 큰 소리로 이야기하지 않는 편이 좋아요.
아~ 김 씨, 수영하지 마세요. 안 돼요.
다른 사람에게 민폐입니다.

성호　죄송합니다. 조심하겠습니다.

UNIT 06

● 성호와 미사가 카페에서 휴대전화 충전에 대해 이야기를 나누고 있습니다.

성호 미사 씨, 여기입니다.

미사 오래 기다렸죠? 어, 이건…….

성호 충전입니다. 핸드폰의.

미사 가게 종업원에게 물어보셨어요?

성호 아니요.

미사 카페에서 충전하면 안 됩니다.

성호 네에…….

미사 한국에서는 충전해도 되나요?

성호 네. 충전해도 됩니다. 한국에서는 카페 콘센트는 모두가 사용합니다.
저는 휴대전화도 충전하고, 노트북도 충전합니다.

미사 일본에선 그것은 전기 도둑입니다.

성호 어, ……불편하네요.

UNIT 07

● 성호가 미사에게 전화를 걸고 있습니다.

미사 여보세요.

성호 아, 미사 씨, 저 성호입니다.

미사 성호 군, 어쩐 일이에요?

성호 미사 씨, 지금 무엇을 하고 있습니까?

미사 학교에서 리포트를 쓰고 있습니다. 성호 군은요?

성호 특별히 아무것도 하고 있지 않습니다. 그냥 전화해 봤어요.
저도 학교에 있습니다.

미사 그렇군요. 참. 성호 군, 한국에 대해서 좀 가르쳐 주세요.
리포트의 테마가 한국이거든요.

성호 그래요? 무엇이든 물어봐 주세요.
괜찮으면 학생회관에서 커피라도 마시면서 이야기하지 않겠습니까?

미사 네! 그럼 이따 봐요.

UNIT 08

● 성호와 미사가 주말에 스카이 트리를 보러 가기로 약속을 하고 있습니다.

미사 성호 군, 스카이 트리에 간 적이 있습니까?

성호 스카이 트리? 아! 들은 적이 있습니다.

미사 도쿄 전체가 보여요.

성호 와~. 가 보고 싶습니다.

미사 저도 사실은 아직이에요.

성호 그렇군요. 그럼 이번 주 같이 어떻습니까?

미사 좋아요. 그럼 하토 버스는 어떻습니까?
하토 버스는 스카이 트리에 가거나
아사쿠사에 가기도 해요.

성호 그럽시다, 그럽시다. 기대되네요.

미사 그리고 레인보 브리지도 좋아요.

성호 네. 미사 씨에게 맡기겠습니다.

UNIT 09

● 성호와 미사가 다음주 일정에 대해 이야기하고 있습니다.

성호 다음 주, 형이 일본에 놀러 옵니다.

미사 와아, 좋겠네요. 며칠간입니까?

성호 일주일입니다. 같이 구사쓰 온천에 갈 예정입니다.

미사 형이 기뻐하겠네요. 둘이서만 괜찮겠습니까?

성호 곤란할 때는 미사 씨한테 전화를 걸지도 모릅니다.

미사 언제든지 괜찮아요.
……그러고 보니 성호 군, 온천에서 수영하면 안 돼요.

성호 앗. ……동생분한테 들으셨나요?
……부끄럽습니다.

● 성호와 미사가 공휴일에 대해 이야기하고 있습니다.

성호　이제 곧 크리스마스네요.

미사　아, 그렇네요. 12월 25일은, 다음 주….

성호　다음 주 금요일입니다. 미사 씨는 무엇을 합니까?

미사　저 금요일은 수업이 많이 있습니다.
그래서 하루 종일 학교에 있지 않으면 안 됩니다.

성호　네? 수업? 크리스마스는 쉬는 날이 아닌가요?

미사　쉬는 날 아니에요. 평일입니다.

성호　한국에선 공휴일이고, 올해는 3일 연휴입니다.

미사　그렇군요. 좋겠네요.

바로바로 연습 정답

UNIT 01

바로바로 연습 (1)

① A : 何時何分(なんじなんぷん)ですか。

B : じゅういちじさんじゅっぷんです。

(じゅういちじはんです。)

② A : 何時何分(なんじなんぷん)ですか。

B : よじじゅっぷんです。

③ A : 何時何分(なんじなんぷん)ですか。

B : しちじじゅうななふんです。

④ A : 何時何分(なんじなんぷん)ですか。

B : くじさんじゅうろっぷんです。

⑤ A : 何時何分(なんじなんぷん)ですか。

B : じゅうじはっぷんです。

⑥ A : 何時何分(なんじなんぷん)ですか。

B : いちじいっぷんです。

바로바로 연습 (2)

① A : 図書館(としょかん)は、何時(なんじ)から 何時(なんじ)までですか。

B : 朝(あさ) 8時30分(はちじさんじゅっぷん)から 夜(よる) 10時(じゅうじ)までです。

(朝(あさ) 8時半(はちじはん)から 夜(よる) 10時(じゅうじ)までです。)

② A : 病院(びょういん)は、何時(なんじ)から 何時(なんじ)までですか。

B : 午前(ごぜん) 8時 45 分(はちじよんじゅうごふん)から 午後(ごご) 6時(ろくじ)までです。

③ A : 銀行(ぎんこう)は、何時(なんじ)から 何時(なんじ)までですか。

B : 朝(あさ) 9時(くじ)から 午後(ごご) 4時(よじ)までです。

④ A : 食堂(しょくどう)は、何時(なんじ)から 何時(なんじ)までですか。

B : 昼(ひる) 11 時(じゅういちじ)から 夜(よる) 7時(しちじ)までです。

⑤ A : 今日(きょう)の 授業(じゅぎょう)は、何時(なんじ)から 何時(なんじ)までですか。

B : 午前(ごぜん) 10時(じゅうじ)から 午後(ごご) 4時 30 分(よじさんじゅっぷん)までです。

(午前(ごぜん) 10時(じゅうじ)から 午後(ごご) 4時半(よじはん)までです。)

UNIT 02

바로바로 연습 (1)

1그룹동사	2그룹동사	3그룹동사
会(あ)う, 遊(あそ)ぶ, 行(い)く, 泳(およ)ぐ, 書(か)く, 死(し)ぬ, 座(すわ)る, 立(た)つ, 飲(の)む, 話(はな)す, 読(よ)む, 乗(の)る	起(お)きる, 食(た)べる, 寝(ね)る, 見(み)る	来(く)る, する

바로바로 연습 (2)

会(あ)います
遊(あそ)びます
行(い)きます
起(お)きます
泳(およ)ぎます
書(か)きます
来(き)ます
死(し)にます
します
座(すわ)ります
立(た)ちます
食(た)べます
寝(ね)ます
飲(の)みます
話(はな)します
見(み)ます
読(よ)みます
乗(の)ります

바로바로 연습 (3)

会いません

遊びません

行きません

起きません

泳ぎません

書きません

来ません

死にません

しません

座りません

立ちません

食べません

寝ません

飲みません

話しません

見ません

読みません

乗りません

바로바로 연습 (4)

① A : 今日、勉強を　しますか。

B1 : はい、勉強を　します。

B2 : いいえ、勉強を　しません。

② A : 今日、すしを　食べますか。

B1 : はい、すしを　食べます。

B2 : いいえ、すしを　食べません。

③ A : 今日、早く　寝ますか。

B1 : はい、早く　寝ます。

B2 : いいえ、早く　寝ません。

④ A : 今日、お酒を　飲みますか。

B1 : はい、お酒を　飲みます。

B2 : いいえ、お酒を　飲みません。

⑤ A : 今日、ドラマを　見ますか。

B1 : はい、ドラマを　見ます。

B2 : いいえ、ドラマを　見ません。

바로바로 연습 (5)

会いました

遊びました

行きました

起きました

泳ぎました

書きました

来ました

死にました

しました

座りました

立ちました

食べました

寝ました

飲みました

話しました

見ました

読みました

乗りました

바로바로 연습 (6)

会いませんでした

遊びませんでした

行きませんでした

起きませんでした

泳ぎませんでした

書きませんでした

来ませんでした
死にませんでした
しませんでした
座りませんでした
立ちませんでした
食べませんでした
寝ませんでした
飲みませんでした
話しませんでした
見ませんでした
読みませんでした
乗りませんでした

UNIT 03

바로바로 연습 (1)

① 飛行機に 乗りたいです。
② コーヒーが 飲みたいです。
③ 勉強が したいです。
④ アメリカに 行きたいです。
⑤ とんかつが 食べたいです。
⑥ 祖母に 会いたいです。

바로바로 연습 (2)

① A：明日は 何を しますか。
　B：服を 買いに 行きます。
② A：明日は 何を しますか。
　B：フランス料理を 食べに 行きます。
③ A：明日は 何を しますか。
　B：花火を 見に 行きます。

UNIT 04

바로바로 연습 (1)

① 家を 出る 前に 新聞を 読みます。
② 学校に 行く 前に シャワーを 浴びます。
③ 友達の 家に 遊びに 行く 前に 電話を します。
④ ゲームを する 前に 宿題を します。
⑤ 薬を 飲む 前に 食事を します。
⑥ 顔を 洗う 前に 歯を 磨きます。

바로바로 연습 (2)

① A：趣味は 何ですか。
　B：映画を 見る ことです。
② A：趣味は 何ですか。
　B：写真を 撮る ことです。
③ A：趣味は 何ですか。
　B：車を 運転する ことです。
④ A：趣味は 何ですか。
　B：料理を 作る ことです。
⑤ A：趣味は 何ですか。
　B：歌を 歌う ことです。

UNIT 05

바로바로 연습 (1)

会わない
遊ばない
行かない
起きない
泳がない

書かない
来ない
死なない
しない
座らない
立たない
食べない
寝ない
飲まない
話さない
見ない
読まない
乗らない

바로바로 연습 (2)

会わないで　ください
遊ばないで　ください
行かないで　ください
起きないで　ください
泳がないで　ください
書かないで　ください
来ないで　ください
死なないで　ください
しないで　ください
座らないで　ください
立たないで　ください
食べないで　ください
寝ないで　ください
飲まないで　ください
話さないで　ください
見ないで　ください
読まないで　ください
乗らないで　ください

바로바로 연습 (3)

① 韓国語で　話さないで　ください。
② のりまきを　食べないで　ください。
③ 寝ないで　ください。
④ 落書きを　しないで　ください。

바로바로 연습 (4)

会わないと　いけません
遊ばないと　いけません
行かないと　いけません
起きないと　いけません
泳がないと　いけません
書かないと　いけません
来ないとい　けません
死なないと　いけません
しないと　いけません
座らないと　いけません
立たないと　いけません
食べないと　いけません
寝ないと　いけません
飲まないと　いけません
話さないと　いけません
見ないとい　けません
読まないと　いけません
乗らないと　いけません

바로바로 연습 (5)

① 日本語で 話さないと いけません。

② お金を 払わないと いけません。

③ 勉強を しないと いけません。

④ 早く 寝ないと いけません。

바로바로 연습 (6)

会わない ほうが いいです
遊ばない ほうが いいです
行かない ほうが いいです
起きない ほうが いいです
泳がない ほうが いいです
書かない ほうが いいです
来ない ほうが いいです
死なない ほうが いいです
しない ほうが いいです
座らない ほうが いいです
立たない ほうが いいです
食べない ほうが いいです
寝ない ほうが いいです
飲まない ほうが いいです
話さない ほうが いいです
見ない ほうが いいです
読まない ほうが いいです
乗らない ほうが いいです

UNIT 06

바로바로 연습 (1)

遊んで
泳いで
死んで
立って
飲んで
読んで
行って
書いて
して
食べて
話して
乗って
起きて
来て
座って
寝て
見て
勉強して

바로바로 연습 (2)

① 朝 早く 起きて 運動を します。

② ご飯を 食べて 学校に 行きます。

③ 友達に 会って 話を します。

④ 図書館に 行って 勉強を します。

⑤ アラームを かけて 寝ます。

⑥ 歯を 磨いて 顔を 洗います。

바로바로 연습 (3)

会っても いいですか
遊んでも いいですか
行っても いいですか
起きても いいですか
泳いでも いいですか
書いても いいですか

来ても　いいですか
死んでも　いいですか
しても　いいですか
座っても　いいですか
立っても　いいですか
食べても　いいですか
寝ても　いいですか
飲んでも　いいですか
話しても　いいですか
見ても　いいですか
読んでも　いいですか
乗っても　いいですか

바로바로 연습 (4)

① 韓国語で　書いても　いいですか。
② 先に　行っても　いいですか。
③ この　バスに　乗っても　いいですか。
④ ここに　座っても　いいですか。
⑤ 釣りを　しても　いいですか。

바로바로 연습 (5)

会っては いけません
遊んでは いけません
行っては いけません
起きては いけません
泳いでは いけません
書いては いけません
来ては いけません
死んでは いけません
しては いけません
座っては いけません
立っては いけません
食べては いけません
寝ては いけません
飲んでは いけません
話しては いけません
見ては いけません
読んでは いけません
乗っては いけません

UNIT 07

바로바로 연습 (1)

① A：今　何を　して　いますか。
　B：日本語で　メールを　書いて　います。
② A：今　何を　して　いますか。
　B：部屋の　掃除を　して　います。
③ A：今　何を　して　いますか。
　B：日本人の　先生と　話して　います。
④ A：今　何を　して　いますか。
　B：日本の　ドラマを　見て　います。
⑤ A：今　何を　して　いますか。
　B：図書館で　新聞を　読んで　います。
⑥ A：今　何を　して　いますか。
　B：友達と　コーヒーを　飲んで　います。

바로바로 연습 (2)

① A：佐藤さんは　どんな　かっこうを　して　いますか。
　B：ワンピースを　着て　います。
　ハイヒールを　はいて　います。
　ヘアバンドを　して　います。
② A：パクさんは　どんな　かっこうを　し

て　いますか。

B：スニーカーを　はいて　います。

サングラスを　かけて　います。

帽子を　かぶって　います。

③ A：イさんは　どんな　かっこうを　して　いますか。

B：スカートを　はいて　います。

ブラウスを　着て　います。

腕時計を　して　います。

바로바로 연습 (3)

① 日本語で　話して　ください。

② 前に　座って　ください。

③ 漢字で　名前を　書いて　ください。

④ プリントを　配って　ください。

⑤ ペアで　練習して　ください。

⑥ 大きい　声で　言って　ください。

UNIT 08

바로바로 연습 (1)

会った
遊んだ
行った
起きた
泳いだ
書いた
来た
死んだ
した
座った
立った
食べた
寝た
飲んだ
話した
見た
読んだ
乗った

바로바로 연습 (2)

会った　ことが　あります
遊んだ　ことが　あります
行った　ことが　あります
起きた　ことが　あります
泳いだ　ことが　あります
書いた　ことが　あります
来た　ことが　あります
死んだ　ことが　あります
した　ことが　あります
座った　ことが　あります
立った　ことが　あります
食べた　ことが　あります
寝た　ことが　あります
飲んだ　ことが　あります
話した　ことが　あります
見た　ことが　あります
読んだ　ことが　あります
乗った　ことが　あります

바로바로 연습 (3)

会ったり
遊んだり
行ったり

起きたり
泳いだり
書いたり
来たり
死んだり
したり
座ったり
立ったり
食べたり
寝たり
飲んだり
話したり
見たり
読んだり
乗ったり

바로바로 연습 (4)

① A：週末、何を しますか。
B：音楽を 聞いたり、テレビを 見たり します。

② A：週末、何を しますか。
B：本を 読んだり、掃除を したり します。

③ A：週末、何を しますか。
B：ごろごろしたり、雑誌を 読んだり します。

④ A：週末、何を しますか。
B：プールに 行ったり、花火を したり します。

⑤ A：週末、何を しますか。
B：ネットカフェに 行ったり、友達と 会ったり します。

⑥ A：週末、何を しますか。
B：温泉に 行ったり、スキーを したり します。

UNIT 09

바로바로 연습 (1)

① 明日、映画を 見る 予定です。
② 明日、祖父に 会う 予定です。
③ 明日、パソコンを 買う 予定です。
④ 明日、レポートを 書く 予定です。
⑤ 明日、掃除を する 予定です。

바로바로 연습 (2)

① 授業中に 寝るかも しれません。
② 優勝するかも しれません。
③ 雪が 降るかも しれません。
④ 結婚するかも しれません。
⑤ 入院するかも しれません。

UNIT 10

바로바로 연습 (1)

① A：節分は いつですか。
B：にがつみっかです。

② A：ひな祭りは いつですか。
B：さんがつみっかです。

③ A：こどもの日は いつですか。
B：ごがついつかです。

④ A：勤労感謝の日は いつですか。
B：じゅういちがつにじゅうさんにちです。

⑤ A：クリスマスイブは　いつですか。

B：じゅうにがつにじゅうよっかです。

⑥ A：大晦日(おおみそか)は　いつですか。

B：じゅうにがつさんじゅういちにちです。

바로바로 연습 (2)

① A：何月何日(なんがつなんにち)　何曜日(なんようび)ですか。

B：しがつなのか　もくようびです。

② A：何月何日(なんがつなんにち)　何曜日(なんようび)ですか。

B：しちがつここのか　かようびです。

③ A：何月何日(なんがつなんにち)　何曜日(なんようび)ですか。

B：はちがつじゅうくにち
どようびです。

④ A：何月何日(なんがつなんにち)　何曜日(なんようび)ですか。

B：くがつようか　すいようびです。

⑤ A：何月何日(なんがつなんにち)　何曜日(なんようび)ですか。

B：じゅうがつよっか　げつようびです。

⑥ A：何月何日(なんがつなんにち)　何曜日(なんようび)ですか。

B：じゅういちがつはつか
にちようびです。

가계도

내 가족을 남에게 말할 때
남의 가족을 말할 때

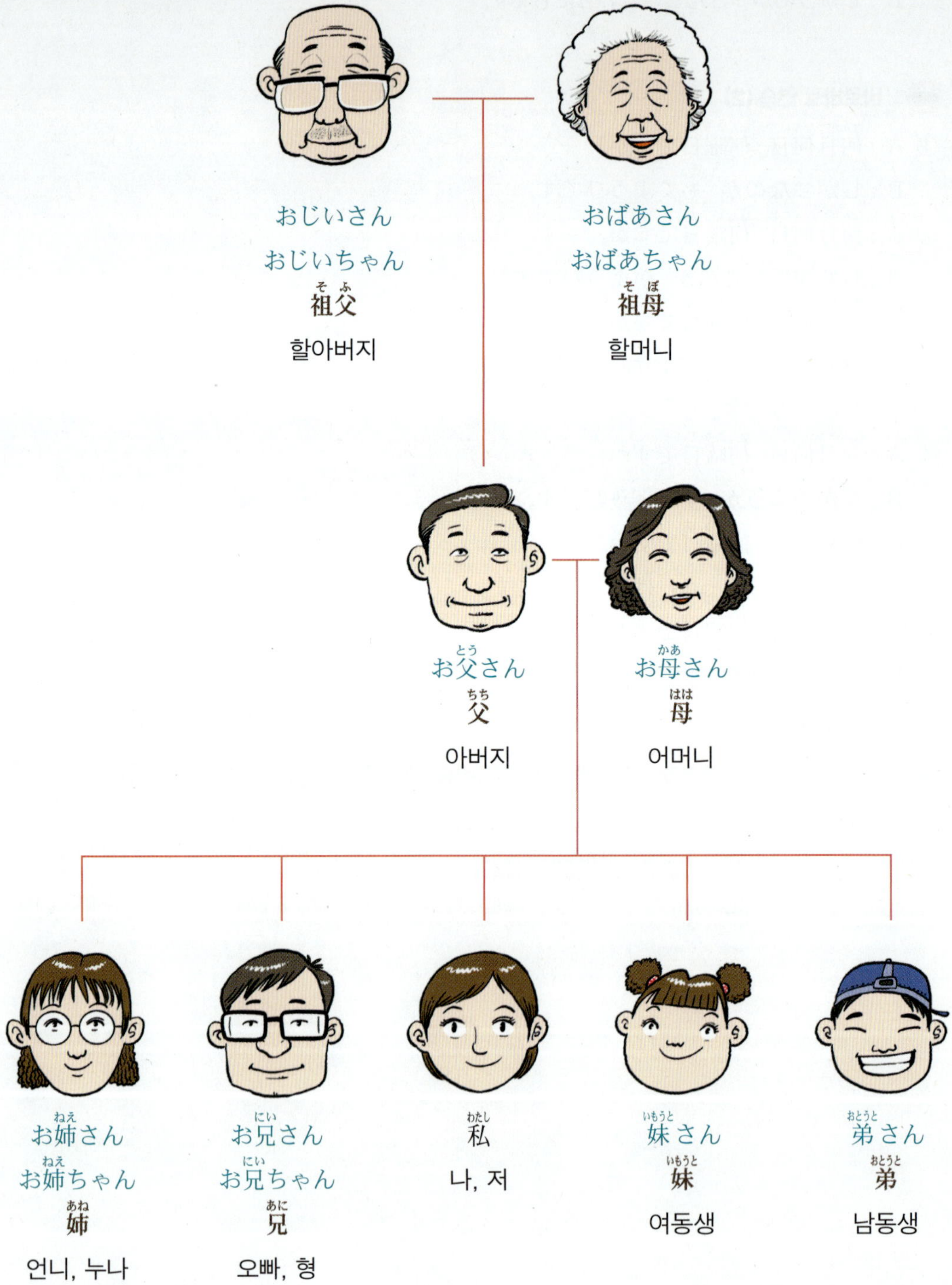

Memo

Memo

Memo

Memo

Memo

Memo

동양북스 분야별 추천 교재

문법

일본어뱅크 New 스타일
일본어 문법

뱅크 일본어 문법

관광 · 비즈니스

일본어뱅크 New 스타일
관광일본어 1 · 2

일본어뱅크 New 스타일
비즈니스 일본어
1 · 2

한자

일본어뱅크 New 스타일
일본어 한자 1 · 2

일본어 상용한자 2136
이거하나면 끝!

작문

일본어뱅크
일본어 작문 초급

일본문화

일본어뱅크
사진과 함께하는
일본 문화

청해

일본어뱅크 New스타일
일본어청해

독해

일본어뱅크 New스타일
일본어 독해 1 · 2

주니어

다이스키 주니어
일본어 上 · 下

e-필드 일본어
기초 · 초급 · 중급 ·
고급회화

新버전업 일본어
한자 암기박사

프리토킹

버전업! 동양북스
일본어 프리토킹 입문

일본어뱅크
독해 1 · 2 · 3

주니어
일본어 붐붐

항공

일본어뱅크
항공서비스 일본어

일본어 한자 터잡기
입문편 / 초중급편

펜맨십

일본어뱅크
펜맨십

일본어 독해가 즐거워지는
일본전래동화 / 세계명작동화 /
한국전래동화 / 이솝우화

동양북스 단계별 추천 교재

	도모다찌 일본어	감바레 일본어	New 스타일 일본어	다이스키 일본어
입문 과정	 일본어뱅크 도모다찌 STEP 1	 일본어뱅크 감바레 일본어 STEP 1	 일본어뱅크 New 스타일 일본어 1	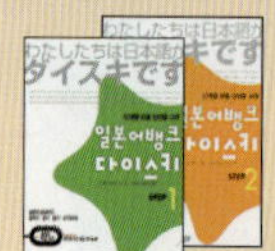 일본어뱅크 다이스키 STEP 1 · 2  일본어뱅크 다이스키 上
초급 과정	 일본어뱅크 도모다찌 STEP 2 일본어뱅크 도모다찌 上	 일본어뱅크 감바레 일본어 STEP 2	 일본어뱅크 New 스타일 일본어 2	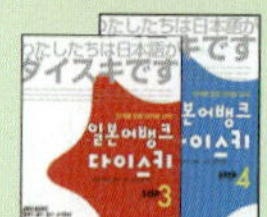 일본어뱅크 다이스키 STEP 3 · 4  일본어뱅크 다이스키 下
초·중급 과정	 일본어뱅크 도모다찌 STEP 3 일본어뱅크 도모다찌 下	 일본어뱅크 감바레 일본어 STEP 3	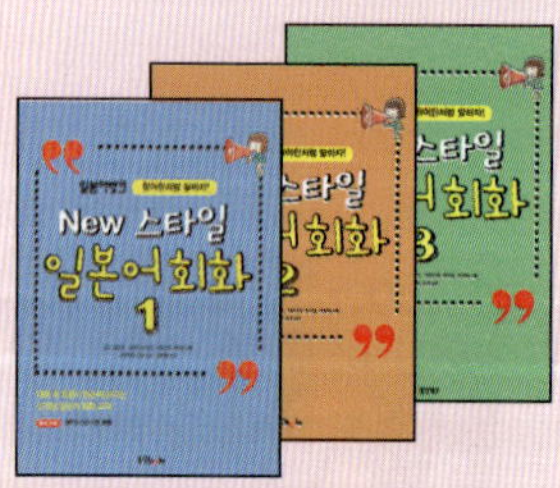 일본어뱅크 New 스타일 일본어회화 1 · 2 · 3	 일본어뱅크 다이스키 STEP 5 · 6
중·고급 과정			 일본어뱅크 New 스타일 비즈니스 일본어 1 · 2	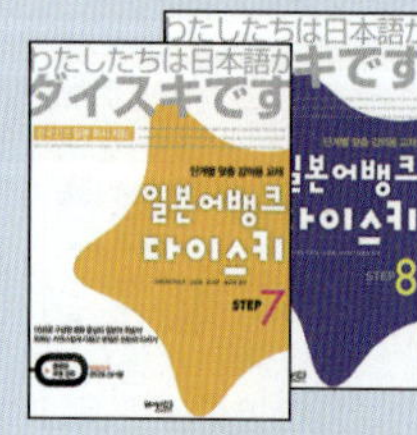 일본어뱅크 다이스키 STEP 7 · 8

오픈 일본어

일본어뱅크
Open 일본어 1

일본어뱅크
Open 일본어 2

일본어뱅크
Open 일본어 회화 1

일본어뱅크
Open 일본어 회화 2

New 뱅크 일본어

New 뱅크 일본어
STEP 1

New 뱅크 일본어
STEP 2

New 뱅크 일본어
STEP 3 · 4

New 뱅크 일본어
중급 1 · 2

아나타노 일본어

아나타노 일본어 1

아나타노 일본어 2

포인트 일본어

일본어뱅크 Point 일본어 1

일본어뱅크 Point 일본어 2

중급 회화

일본어 회화 중상급 뛰어넘기

뉴 일본어뱅크
프리토킹 BASIC

뉴 일본어뱅크 프리토킹
STYLE 1 · 2